ラグビーの哲学

―論語に学ぶ*ONE TEAM*の作り方

吉田善一
福永昇三

ラグビーの哲学

――論語に学ぶＯＮＥ ＴＥＡＭの作り方

もくじ

装幀　滝口裕子

はじめに

ラグビーワールドカップ2019日本大会は、日本中に感動の渦とラグビーの素晴らしさをもたらしてくれた。ラグビー精神があっという間に全国に広まったのは、その裏に日本精神との一致があったからだと考える。そこで、世界が、日本にもたらしてくれたラグビー精神を、そのお礼の意味も込めて、今度は、日本精神または東洋哲学で説明するラグビーの素晴らしさを世界に発信していきたい。

例えば、著者が所属する東洋大学では、学生スポーツに力を入れている。スポーツ選手だけではなく、全学生へ、一般の人へもスポーツを通じた人材育成を目指して、二〇一六年にスポーツ理念として TOYO SPORTS VISION を発表した。ところで、東洋大学の教育理念のキーワードは、「哲学教育」「キャリア教育」「グローバル化」である。そこで、TOYO SPORTS VISIONは「スポーツを『哲学』し、人と社会と世界を結ぶ」と定め、四つの目標を挙げている。

1. スポーツを「する」人「みる」人「ささえる」人の育成
2. スポーツを通じた「グローバル人財」の育成
3. スポーツに関する「学術的アプローチ」の展開
4. スポーツを通じた地域連携の促進

これは、スポーツによる全人教育と社会貢献を重視するユニークなスポーツ憲章である。また、東洋大学の創立者は、哲学者の井上円了《えんりょう》(1858-1919)である。「哲学する」が大学設立の原点であり、TOYO SPORTS VISIONの根本にあるのは、「すべてのスポーツには哲学がある」ということでもある。

東洋大学のラグビー部は一九五九年に設立された歴史あるクラブで、その理念も「ラグビーを哲学する」である。哲学をするための心構えを三つ挙げている。

1. 「仁」…ラグビーの基本精神である「一人はみんなのために、みんなは一人の

ために」という仁愛の心

2．「知」…常に己の心を見つめ、考えて行動するための鏡を中心に創立者　井上円了の「諸学の基礎は哲学にあり」という建学の精神を重んじる姿勢

3．「勇」…勇猛果敢なファイティングスピリットで勝利を目指す志とプライドを持ち続ける武士道精神

『論語』に「知者は惑わず、仁者は憂えず、勇者は懼《おそ》れず」（子罕第9-30）とあり、上記の理念は「論語の精神」でもある。

著者が産学連携や中小企業支援などで、多くの製造業の社長さんと会ったとき、ラグビーがたびたび話題にあがった。そのほとんどが、ラグビー経験者の企業での活躍や地元のラグビー部を応援しているという、ラグビーへの好意的な想いと期待であった。その根底には、仲間とスクラムを組み一ミリでも前に進むために必死で努力する姿、ゴールを背にしたとき自身の身体を犠牲にして一ミリでも押し返そうとする姿がある。特に経営者は、そのようなラグビー選手と同じような働きを、自身にも社員に

も求めているからであろう。

パナソニックの創業者の松下幸之助（1894-1989）は、「身を捨てる度胸」（『松下幸之助一日一話』ＰＨＰ研究所）と言っている。度胸を決めると、案外、困難だと思っていたことがスムーズにいって、むしろ非常によい結果を生む、と続けている。ところで、ラグビーは、身体的にも精神的にも鍛え上げた身をチームのために犠牲にするスポーツであるといえる。ラグビーを通じて、「身を捨てる度胸」をつけることができるのである。

二〇一九年の九月にオーストラリアのクイーンズランド大学ラグビー部が東洋大学を訪れ親善試合をおこなった。その後、一〇月に著者はクイーンズランド大学を訪問した。そのときツァイツェック部長の最初の言葉が「ラグビーを哲学する」であった。これは著者が九月に部長に話した東洋大学ラグビー部の理念であった。その後、部長から、「優秀なコーチのコーチが一〇人いることが部の特徴である」という話を聞いた。それは、ラグビー部の現役学生を子供のチームのコーチに付け、資格を持ったべ

少年ラグビー

テランのコーチが若いコーチを育成するシステムである。部長は、「コーチング教育は、オーストラリアで一番である」という実績をもとにした自慢話を熱く語った。そこには、「コーチングを通じてオーストラリアの将来を担うエリートを育てる狙いもある」とのことであった。その後、部長は、「毎年、海外遠征をしているが、その目的はチームのモットーであるUnity（一体感）を増すためであり、いろいろなレベルの選手を選抜して連れていく」と話してくれた。それは、二〇〇名以上いる社会人から子供までの部員を一体にするために、海外遠征経験者がそれぞれのレベルで、「かすがい（またはリーダー）になることを期待している」とのことであった。

これらのクイーンズランド大学での話から、大学教育の観点から、スポーツ・勉学ともに優秀な学生が、「何をすれば社会に恩返しできるか（役立つことができるか）」といったことを、コーチングや海外遠征から、自身で見つけてもらおうという意図があることが分かる。

中国の古典、四書五経の一つの『書経』（説命・下）に「教学半《なかば》す」、また、もう一つの『礼記』に「教学相長《あいちょう》ず」とある。陽明学者・哲学者・思想家の安岡正篤《まさひろ》（1898-1983）は、これらの言葉を、「我々は学んで初めてその足らざるを知り、教えて初めて至らざるを知る。そこで自ら反《かえ》り、強めるのだ。教えることは学ぶことであり、学ぶことによって教えることができる」（『こころ』に書き写す言葉』三笠書房）と解釈している。また、米国のデューク大学の医学センターでは、「読書や聴講だけで得られる教育効果は三〇％、体験学習をすると七五％、他人に教えると九〇％と効果が得られる」と発表している。著者は、これらのことから、「学び教え合い」のリーダー育成が、ラグビーまたはその精神を通じて実現できると考えた。

そこで、本書の目的は次のことである。

- ラグビー経験者やこれからラグビーを始めたい人には、東洋哲学を通じて、ラグビーに必要な戦術、フィジカル、メンタルを学ぶ
- すべての読者が、ラグビー精神を持った日本的リーダーとなる
- すべての読者が、ラグビーに裏付けられた日本人のモノの見方・考え方を世界に発信できるようになる。

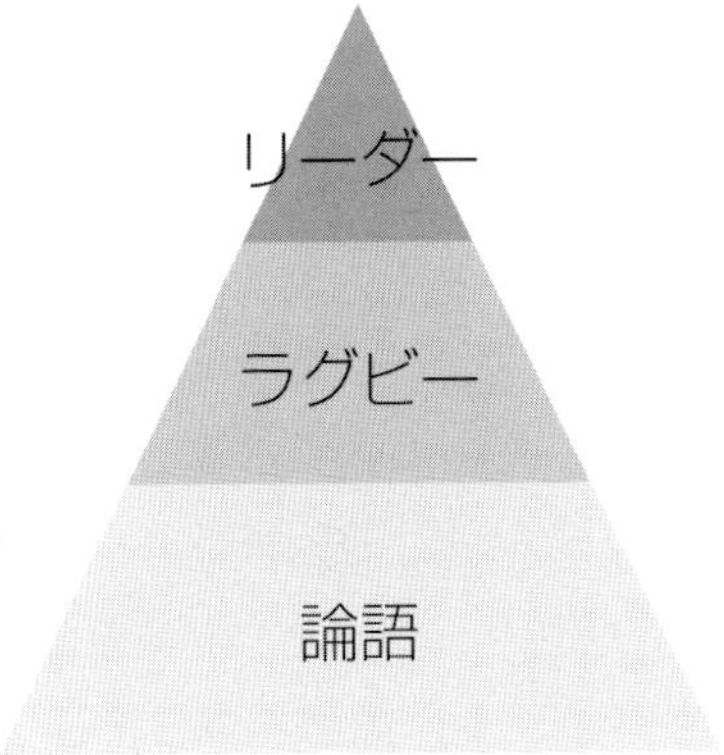

I　ラグビーと論語

1．なぜ論語か

【論語】

『論語』は二〇編五一二章からなる、孔子と弟子達や要人達との間に交された対話録である。日常的に実践できる「モノの見方・考え方」が書いてあり、「哲学する」ためのテキストでもあると考える。中国の新儒学者の朱熹《しゅき》（朱子）（1130–1200）は、その著書『小學』に、

「『論語』『孟子』を読み込むには、熟読して内容を玩味し、聖人の言葉を、自分自身のことと切実に受け止めて、会得していけば、生涯にわたって得るところが極めて多大である。『論語』を読む場合は、弟子の質問を自分の質問と考え、孔子の答えを自分自身が今、この耳で聴き取っていると考えればよい」

と『論語』の読み方を示している。『論語』は孔子の死後四〇〇年をかけて編纂した後生の人の言語録である。孔子は、「後生畏《おそ》るべし」（論語・子罕第9–23）と若者は優秀になる可能性を持っていると言っている。しかし、孔子は『論語』で学んでいないし、同様に釈迦は仏教の経典で学んでいない。キリストはバイブルで学んでいないのである。すなわち、孔子の精神を学ぼうとして、『論語』に愛着を持ち過ぎるのも絶対視するのもよくない。『論語』を読み、自分（またはラグビー）に当てはめて、スーッと腑に落ちるものだけを受け入れてよいのである。

『論語』は、一見、堅苦しい教訓書のように思われているが、著者の経験から、孔子とその弟子たちが教えてくれる実行性の高い問題解決のノウハウ書であると考える。それは、どの時代の、また、どのような立場の社会ニーズにも当てはめることができる。よって、『論語』には、未来へつながる普遍的な力があるといえる。それゆえに、『論語』を読むときは、読み手の視点、背景、専門などによって、異なる切り口が必要となるといえる。すなわち、『論語』は、どのような人にも栄養剤となり、個人や社会の問題を解決するヒントを与え、方針を示すものである。また、グローバル化が進み科学技術が急激に進歩する現代であるからこそ、『論語』からのヒントを得るべきである。しかし、どのように『論語』を読むか、どの孔子の知恵を借りるか、それはあなた自身がしっかりと考える必要がある。読む前に、今の時代背景、社会背景、社会ニーズを十分に知ること、また、自身の課題を明確にすることも必要である。

『論語』を読み込むと、その主題は、人間の性質や態度、それに人間関係であることが分かる。『論語』に多く現れるキーワードは、礼義、人道性（仁）、相互性（恕《じょ》）、忠節、学問、音楽などであり、また、親族関係や社会的な秩序などである。

ところで、孔子の思想からいえることは、人間の精神的な高みは持って生まれた「資質」に関わっており、高みへと導くには学問や仕事の量や質に関わっているということである。

そして、精神的に完成した人格者になるためには、実践の中での予想できないほど多くの忍耐と努力を要するということである。すなわち、「論語読みの論語知らず」と言われるように、『論語』だけを読んでいても道徳や精神は完成しないのである。『論語』には、プラスαが必要であるということである。このプラスαに関しては、陽明学の祖の王陽明（1472–1529）は「事上磨錬《じじょうまれん》」、すなわち、「実際に行動や実践を通じて工夫して知識や精神に磨きをかける必要がある」と言っている。また、実業家・慈善家の渋沢栄一（1840–1931）は、「論語と算盤」、すなわち、「仁義」と「利益」は矛盾しない道徳・経済合一論を唱え、「経営に『論語』の精神を応用してこそ役立つ」と言っている。そこで、本書のプラスαは、ラグビーであり、ラグビー未経験者でも、今まさに自身がラグビーをおこなっているという気持ち（事上）で読んでもらえるようにした。

【孔子】

ところで、孔子（紀元前551-紀元前479）とはどのような人物であったのであろうか。著者の印象は、すぐ動く、エネルギッシュ、情熱的、差別しない（平行目線）、不正が嫌い、理想家というキーワードが浮かび上がる。また、伝説では、身長が二一六センチの大変な大男で、絵や像から推定するに体重は一三〇キロ以上はあったのではなかろうか。武芸にも優れ、感性が豊かであったと言われている。もし、孔子がラグビー選手であれば、ポジションはロックであろう。また、優れた政治家、戦略家、教育者、哲学者であったと言われている。そして、「常に自分が変わろうと努力する人」であったというところ、また、「みんなを活かそうとする人」であったというところにも注目すると、ラグビー日本代表のヘッドコーチの適任者であったのではなかろうか。

【論語の精神】

『論語』の五つの徳目は、仁・義・礼・知・信である。日本では、聖徳太子（574-622）の時代、そのまま『論語』を受け入れたわけではなかった。考えに考えた結果、冠位十二階の制定で五つの「徳」の順番を入れ替えたという。東京国立博物館名誉館員の石田尚豊（1922–2016）によると、優しい動作である「礼」から入り、直観的にただちに相手を知り、親密な関係で結ばれる「信」ができれば、社会の道理である「義」はおのずと体得でき、その後、課題解決のための「知恵」が初めて働くと説明している（『聖徳太子と玉虫厨子』東京美術）。これは後ほど説明するラグビーの精神実践の順番そのものであり、聖徳太子に敬意を表し、本書では「仁・礼・信・義・知」の順番で説明する。

『論語』に、「よく五つのものを天下におこなう者を仁となす。恭・寛・信・敏・恵それなり。恭ならばすなわち侮《あなど》られず、寛ならばすなわち衆を得、信ならばすなわち人任じ、敏ならばすなわち功あり、恵ならばすなわち人を使うに足る」（陽貨第17–6）とある。これは、徳を政治に生かすには、恭《きょう》・寛《かん》・信・敏《びん》・恵《けい》が必要であるということである。『論語』に、「君子は和して同ぜず」（子路13–23）とある。「和」も重要な精神である。『論語』に、「君子は敬して失なく、人と恭しくして礼あらば、四海の内は皆兄弟たり」（顔淵第12–5）とある。「敬《けい》」も大切な精神である。そこで、孔子の精神として、ここでは、仁・礼・信・義・知・敏・恵・寛・敬（または恭）・和の十個を挙げる。

- **仁**…人を愛し、仲間にも自らにも責任を持つ
- **礼**…独立・成熟の能力
- **信**…自分の言葉に責任を持つ
- **義**…活動の正しい目的・筋道
- **知**…問題解決のための情報・知識・知恵
- **敏**…タイミングを把握し、速やかに行動する
- **恵**…個人ではなく、集団組織の利益を考える
- **寛**…同僚のミスに寛容になる
- **敬**（**恭**）…他人を敬《うやま》い、謙虚に行動する
- **和**…調和と節度こそ集団組織を円滑に進める極意である

【ラグビーの精神】

ラグビーには、勇気、忠誠心、スポーツマンシップ、規律、そして、チームワークといった多くの社会的・情緒的概念が包含されている。それを言い表すために、国際統括団体ワールドラグビー（International Rugby Football Board、IRFB）が二〇〇三年に制定したのがワールドラグビー憲章である。すべてのレベルのプレーヤーの基準となり、その競技・行動のチェックリストになるとしている。

品位（integrity）…品位とはゲームの核をなすものであり、誠実さとフェアプレーによって生み出される。

情熱（passion）…ラグビーに関わる人々は、ゲームに対する情熱的な熱意を持っている。ラグビーは、興奮を呼び、愛着心を沸かせ、世界中のラグビーファミリーとの一体感を生む。

結束（solidarity）…ラグビーは、生涯続く友情、絆、チームワーク、そして、文化的、地理的、政治的、宗教的な相違を超えた忠誠心につながる、一つにまとまった精神をもたらす。

規律（discipline）…規律は、ゲームに不可欠なものであり、フィールドの内と外の両方において、競技規則、競技に関する規定、そして、ラグビーのコアバリューの順守を通じて示される。

尊重（respect）…チームメイト、相手、マッチオフィシャル、そして、ゲームに参加する人を尊重することは、最も重要である。

ラグビー憲章に「孔子の思想」を当てはめてみる。「品位」は「仁」である。「情熱」は、『論語』に、「リーダーは情熱や気力が充実しているので器の中におさまらない」（為政第2-12）、とあり、その言葉通りに孔子はエネルギッシュで情熱的な人であったということである。また、松下幸之助は「情熱は磁石」（『松下幸之助一日一話』）と言っている。「結束」は、「和」である。「規律」は、「礼」である。「尊重」は、「敬」である。

これら以外にもラグビーの精神を示す言葉を挙げてみると、

・紳士であれ
・One for All. All for One.
・ノーサイド
・責任感
・自己犠牲
・知恵を出し合う
・信頼に基づく人間関係を構築する
・感じたら、すぐに動く
・アフター・マッチ・ファンクション（社交重視、良き敗者）
などである。これらはすべて「孔子の精神」に含まれていると考える。

また、ラグビーワールドカップ2019の日本ラグビーフットボール協会の行動指針は、
○人々とつながり、社会に役立とう。Be Open
○世界視点で考え、実行しよう。Play Globally

スクラム

○常に真摯《しんし》であり、誠実でいよう。

Keep Integrity

であった。これもまた「孔子の精神」に合致すると考える。

そこで上記をまとめると、図1に示したような、孔子の精神にラグビーの精神を合わせた対比表ができる。

ラグビー精神を代表する言葉「ノーサイド」に関しては、『論語』に、「君子はムダな争いはしない。弓の試合では、お互いに礼儀を持って争い合い、競技が終われば酒を酌み交わす。これが紳士の争いだよ」（八佾第3-7）とあることと一致する。また

孔子	ラグビー
仁	品位、情熱
礼	規律、紳士であれ、良き敗者
信	信頼に基づく人間関係を構築する
義	責任感
知	知恵を出し合う
敏	感じたら、すぐに動く
恵	自己犠牲
寛	One for All. All for One.
敬	尊重、相手をうやまう、他国の文化
和	結束

図1　孔子の精神にラグビーの精神を合わせた対比表

この言葉には、「アフター・マッチ・ファンクション」の重要性も説明されている。

【基本概念】

図2に、ラグビーの基礎的概念とその関係を示す。「恵」とは、役に立つこと、またそれによって喜んでもらえることである。よって、「和」とは、全部員が互いに役立ち喜び合う関係で結ばれていることであるとここでは定義しておこう。また、あるべき姿が、目的概念の「勝利」

	基本概念	目的概念	行動概念	力量概念	方法概念
試合	戦	勝利	知行合一	戦力	戦略
チーム	和(論語)	One team	信頼感	共感	相互理解
個人	恵(論語)	利他	自己犠牲	勇気	無我

図2　ラグビーの基礎的概念とその関係

「One team」「利他」である。

One team とは「総互恵」、すなわち、部の全員がチーム内でありとあらゆる方向に「互恵」を達成することと言い換えることができる。一般的に、「互恵」とは互いに利益を得る、または、利益を与え合う関係のことである。すべての二者間には立場の違いや意見の相違が存在するが、その違いは、「互恵」の余地がたくさんあると見なし、活かすことができると考えればよい。

自分と他者の「互恵」は、信頼感が前提条件となる。そこで、「総互恵」を実現するためには、自分が他者と他者との「互恵」を促進することが必要になる。これは、「利他の精神」でもある。よって、自分以外の二者間の互恵関係を自身が促進する場合は、対象とする二者双方と自分がまず確固とした互恵関係を築くことである。その理由は、「友の友」とは互恵の関係を築こうとする意思が働くからである。ラグビー部のように多くの成員がいる集団でもまったく同じ原理が働き、他者間の互恵関係を促進することが可能になるのである。そのためには、集団の「和」を保とうとするリーダーが必要であり、そのリーダーは、自分とすべての部員との間に互恵関係を確立しようとする強い思いがないといけない。そのようなリーダーの存在は、集団内の紛争や妬みが深刻化するのを予防する効果がある。また、自分が促進した他者間の「互恵」は、自分と他者の互恵関係の維持と発展を助ける作用にもなるのである。よって、「総互恵」のためには、

- 自分が部員すべての個性や特色をよく理解しようと努めること（相互理解）
- 他者と他者の関係において、互いが活かし得る特性についての情報交換を、自分が両他者と頻繁におこなうこと（共感）
- 部員すべてが共通の目的や志を作れることを意識し、他者同士が協力し合えるような場作りを、自分が積極的におこなうこと（共感）

・各部員の能力を活かし、相乗効果を発揮できる仕組みを、自分が構築すること（戦略）が必要である。

「総互恵」のあるべき姿に到達するための行動が、「知行合一」「信頼感」「自己犠牲」である。「知行合一」は「敏」でもあり、感じたらすぐ動くということである。どれほど学問を学んで頭に詰め込んでも、知識や知恵を蓄えていても、知っただけでは何も成らない。その学んだ知識や知恵を実践し、心に感じ取らせ、気づき、経験を積むことで、行動の概念が理解できるのである。これは同時に、物事の本質を理解するトレーニングにもなり得る。

また、行動は、チームの総合力や個々のスキルを信じ、共有する「共感」と「闘志」に裏打ちされていないといけない。勇気ある行動が無駄に終わったり、空回りしたりしないためにも、「敵と己を熟知した戦略」「細かい情報交換による相互理解」「何ものも恐れない無我の境地」が必要である。

著者の経験から、「総互恵」の事例を示す。著者が所属していた社会人ラグビーチームでは、いろいろな部署・年齢の部員がいて、試合の後の飲み会で、研究所にいた著者が最先端技術の話をすると、工場や営業の人が興味を持ち、著者の研究がスムーズにいくように、工場では試作の手伝いを積極的にしてくれたり、営業の人がニーズの探索をしてくれたり、その結果、大きなプロジェクトが立ち上がった。ラグビーが互恵の関係を築いてくれたのである。

【ラグビー精神と孔子の精神】

図3は、孔子の精神がラグビーのどのような場面で役立つかを示した図である。この図から、ラグビーの実践の場で、『論語』が役立つことが分かる。プレーヤーには「義」と「礼」、試合、特に試合中における円陣では「知」と「敏」、チーム作りには、「信」「和」「恵」が役立つ。また、リーダーに要求されるのは「寛」と「敬」である。

図4は、ラグビーで養われる社会人力（ラグビー力）を示す。この図から、ラグ

ビーの実践から、社会人として必要な基礎力や人格者を目指すための心得が身につくのである。逆もまた真で、これらの社会人力はラグビーに役立つラグビー力にもなり得るのである。

図5は、図4のラグビー力と孔子の精神（孔子力）の関係を示す。孔子力は『論語』のキーワードを抜き出したものである。この詳しい説明は次章でおこなう。

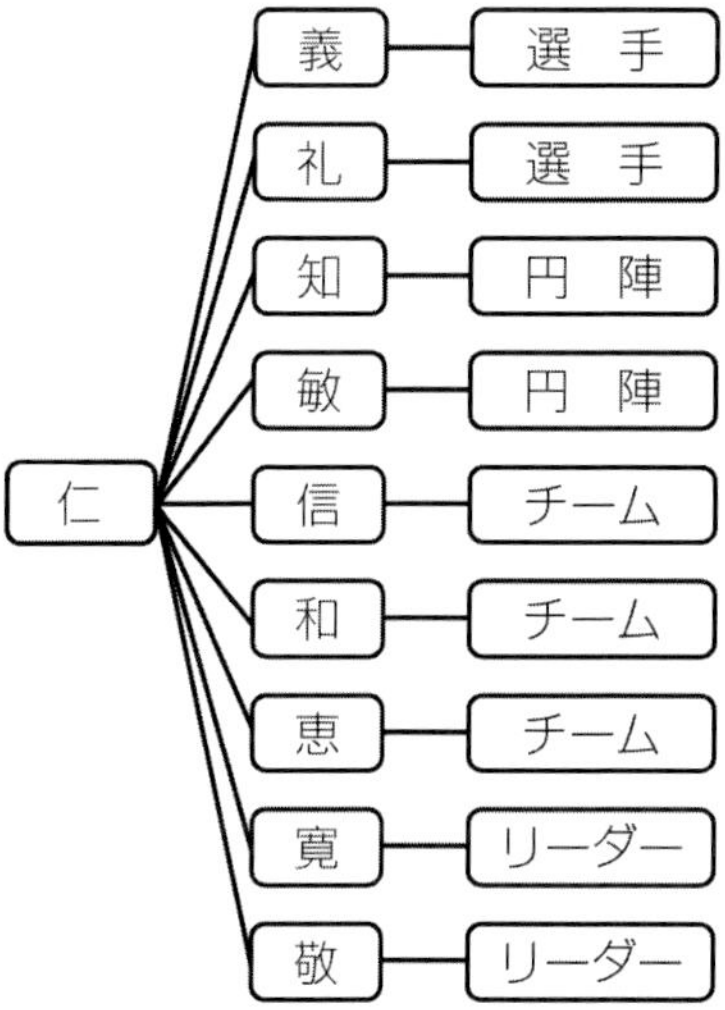

図3　孔子の精神とラグビーの実践

ラグビー		社会人力（ラグビー力）
試合	ゲームメイク	責任感、適応力、状況把握力、謙虚さ
	円陣	主体性、課題発見力、計画力、考える力
組織	練習	泥くささ、相含力
	チーム	改善力、発信力、信頼力
個人	リーダー	働きかける力、包容力
	選手	規律性、紳士力、立志力、ストレスコントロール力

図４　ラグビーで養われる社会人力（ラグビー力）

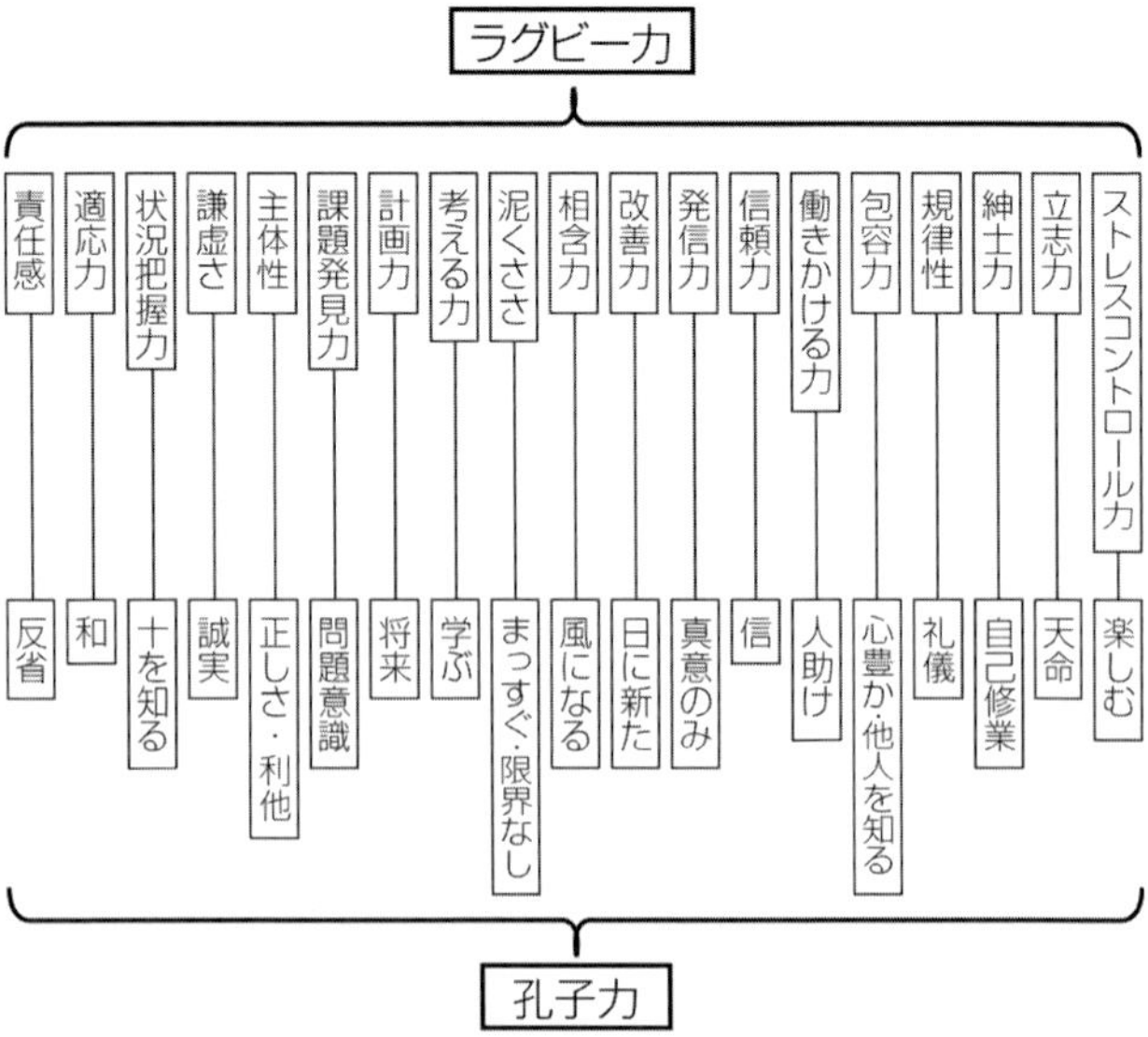

図５　ラグビー力と孔子の精神（孔子力）の関係

2. 試合

【所作】

『論語』の中で、最も多く現れるキーワードは、「礼儀」である。スポーツでも、試合前後や、試合中のマナーや所作は、「礼儀」が基本になっている。『論語』との共通性を見出すために、まずはスポーツの「所作」を紐解いてみる。

「所作」は日常的におこなっていることを指す場合もあれば、茶道や剣道など、いろいろな分野の中でおこなわれる「所作」もある。この「所作」には単なる行いだけではなく、意味が含まれているものである。また、行動に関しての「所作」の類語には、「身持ち・身性・行い・行儀・素行・振る舞い・言動・態度・行為」などがある。スポーツの「所作」は、「振る舞い」や「態度」と言い換えることができる。

スポーツにおける「所作」の代表は、剣道の基本中の基本とされている試合前後の礼式である。この剣道の「所作」は最低限の「礼儀」であり、基本となる「所作」さえできていない者が良い試合をできるわけがないといった考え方がある。具体的に、剣道では最初と最後に必ず相手を見て礼をする。この際に、試合場（コート）に入る前やコート外で礼をおこなってはいけないとされている。また、コート内で相手に尻を向けることがないように心がけないといけない。他にも、合議中の蹲踞《そんきょ》の姿勢や位置、竹刀の置き方などの「所作」があり、すべての「所作」には「礼儀」を尽くすという意味がある。また、「礼儀」とは敬意を表すことでもあり、例えば、勝利を喜ぶよりも相手に対する敬意を重んじることである。すなわち、勝負が終わった後でも多くの「所作」があるため、敗戦を嘆き、泣きじゃくるより、静かに反省することが自然とできるようになるそうである。「形」が感情をコントロールし、良き勝者、良き敗者を生むシステムとなっているのであろう。

ラグビーでも試合前のウォークライ、プレスキックのルーティーン、試合終了直後に両チームが親指を立てて挨拶を交わす、などの「所作」によって尊厳を持って試合に向き合えるのである。これらはラグビー文化でもある。

【ラグビーの歴史】

ラグビーの起源は、一八二三年におこなわれたイギリスのラグビー校の試合でボールを抱えたまま相手ゴールを目指して走りだしたこととされている。ラグビー校は、英国パブリックスクールの一つで、当時から、パブリックスクールは身体と精神教育の融合を目指している。これは現在のラグビー精神にも一致する。ラグビーが生まれてからしばらくは、ラグビーとサッカーの区別はなかった。イギリスでは、元々フットボールが広くおこなわれていた。ところがそのフットボールは共通のルールが定まっておらず、各チームそれぞれに自由なルールがあり、試合のときだけお互いに話し合ってルールを決めるというやり方をしていた。

一八七一年になってようやく、サッカー団体から脱退する形で、ラグビー協会（I

RFB）が設立された。そして一八九五年に、現在のラグビーユニオンが誕生した。

日本では、一八六六年一月二六日に、横浜で外国人フットボール（ラグビー）クラブ（YC&AC）が発足した。日本での最初の試合は、一八七四年にイギリスの船員によって横浜でおこなわれた。一九〇一年一二月七日には、日本ラグビー最初の試合、慶應義塾（一八九九年秋に発足）対YC&ACがおこなわれた。そして、一九二六年に日本ラグビーフットボール協会が創立している。

【ダイバーシティ】

ワールドラグビー定款の規定第八条の原理／理念には、

「一国のシニア、もしくは、そのすぐ下のシニアの一五人制代表チーム、または、シニアの七人制代表チームに選抜されたプレーヤーが、その選抜された協会の国との間に、純粋かつ密接な、信頼できる、また、確立された繫がりを有していることである。そのような国との繫がりこそが、協会間におけるエリートレベルの国際スポーツ競技の特性および文化を維持するのに必要なものである。協会同士の国際試合の品位を保つためには、本規定の資格基準の厳格な遵守が求められる」（日本ラグビーフットボール協会　ホームページ）

とあり、選手の国との繋がりを重視しており、資格基準では、他のスポーツより外国人選手が他国の代表になりやすい条件となっている。

ラグビーはダイバーシティ（多様性）のお手本であるとよく言われる。現代の多国籍・多民族的な日本代表は、日本でダイバーシティを推進するシンボルとして期待されているとまで言われている。例えば、日本代表としての誇りを持ち、日本文化になじもうと献身する外国出身者の姿や、国籍を越えたチームの団結力などがさまざまに報じられている。

そのＩＲＦＢで、一八九〇年頃から議論になったのが「植民地出身者の代表資格」である。当時の大英帝国は、オーストラリアや南アフリカなど多くの植民地を抱え、そうした植民地にルーツを持ちながら英国本国に暮らす者も多くいた。彼らの中にはラグビーを楽しむ者もおり、本国の各代表チームに入ることを望む、あるいは周囲から望まれるケースもあった。植民地出身者が本国で代表になることを認めるか否か、決める必要が生じたのである。

そこで議論されたのが「出生」と「居住」という二つの観点である。「出生」については、両親が当該国で生まれていれば、たとえ本人が植民地で生まれていても当該国の代表になれるという血統の考え方も含んでいた。また、一九一〇年頃には、当該国に二年間「居住」していれば代表になれることも決まっていた。スポーツ社会学者の松島剛史は次のように語っている。

「出身国や国籍がさまざまな選手たちが一つの勝利を目指して戦う姿は感動的で、国籍にとらわれないスポーツ文化や社会の姿を考える契機になるはずです。しかし同時に、一言で『外国人』といってもその置かれている境遇は一様ではなく、厳しい労働条件や生活環境の中で暮らす外国人も日本には大勢います。そうした理想と現実のギャップに目を向け、より望ましい文化や社会のあり方について考えること

が大切です」（shiRUto（シルト）https://shiruto.jp/sports/1573/）

【信じる力】

ラグビーは、「信じる力」で勝利を呼び込むとよく言われる。

二〇一九年九月二八日の対アイルランド戦勝利後のインタビューで、田村優（1989-）は、

「（アイルランド戦の）試合前ジェイミーが俳句を読んでくれて、五行の。誰も勝つと思ってないし、誰も接戦になると思ってないし、誰も僕らが犠牲にしてきたか分からないし、信じているのは僕たちだけっていうメッセージがあって、その通りになったと思います」

と言い、また、

「僕たちは一週間アイルランドに勝つって信じて準備していました」

とも語っている。

それは、日本代表のヘッドコーチのジェイミー・ジョセフ（1969-）がスタジアムへ出発する前に、選手たちに向けて五行の俳句を英語で読みあげていたのである。以下に日本語訳を示す（著者訳）。

誰も勝つとは思っていない。
接戦になるとさえ思っていない。
それは君たちがどれだけきつい練習をしてきたか誰も知らないからだ。
君たちが犠牲にしてきたものも誰も知らないからだ。
だが君たちは我々が準備できていることを知っている。
私もそれを信じている。

田村選手の言葉とこの俳句から、選手全員が「勝てる！」と思っていたことが分かる。アイルランド戦のために十分に準備してきたことが、選手たちに自信をもたらしたということである。この誰も疑わない圧倒的な「信の力」が、勝利をもたらしたのである。それは仲間を信じ、自分たちがやってきたことを信じることであった。

残り時間五分、疲れて、思ったようにプレーができず、イライラした場合などに反則を犯しやすくなる。そのような場合でも冷静に、仲間を信じ、規律を守り、練習でおこなったことを辛抱強く繰り返すことで、自分たちのペースを作っていけるチームが勝利するのである。

【規律】

ラグビーの試合では、よく「規律を守ることが大切」と言われている。ルールを守ることはもちろん、局面ごとに変わるルールや、チームとしての決めごと（戦略）を徹底しないといけないのである。この規律が守れないと、相手ボールのペナルティーキックとなり、それが得点に結びつき、勝利を逃すことになる。高いレベルの試合ほど、プレーヤーのたった一回のちょっとしたプレーのミスや判断ミスで勝敗が決まることが多々ある。ここにラグビーのチームスポーツとしての特徴が表れている。

また、ラグビーの大きな特徴は、審判にある。審判には、「ジャッジ」以前に「コーディネーター」としての役割が要求される。試合中に、状況をしっかり見ながら、数ある反則を裁くと同時に、反則や規律の乱れを事前に抑止しながら、試合を作っていくという大事な役目がある。また、審判の判断基準や複雑なルールのブレ幅を理解するためにも、試合中に審判と選手が会話することもラグビー独特の場面である。選手にとっては、この会話のタイミングと聴く力が、無駄な反則をなくす抑止効果になる。

ラグビーの精神は、相手チームを分析して考え抜かれた「戦略」と、それを選手全員が何も疑わずに従う「規律」とを掛け合わせるところにも表れてくる。個人なら別だが、チームや組織として結果を出すためには、この「規律性」という力は不可欠である。それは、「規律」を守ることを美徳とする日本人の気質にあっている。身体にしみついた「規律性」の能力を開花させることで、想像以上の力を発揮することができる。

【試合（ゲームメイク）】

ジェイミー・ジョセフは、NHKの番組『ラグビー日本代表密着五〇〇日〜快進撃の舞台裏〜』（二〇一九年一〇月二〇日放送）で、「ミスを恐れることこそがミスだ」「最も重要なことは一人一人が的確な判断を下せるかだ」と言っている。著者は試合中に仲間から、「頭は冷静に、されど熱くなれ」「あせってはいけない」とよく言われた。すなわち、試合中に要求される能力は、的確な判断力と、ミスを恐れず、すぐに行動するということである。図4より、そのための心構えは、「責任感」「適応力」「状況把握力」「謙虚さ」であり、『論語』からそれらを身につけるための手法を考えてみる。図5のキーワードとも照らし合わせながら以下を読むと効果的である。

責任感…ピンチのときに自らが前に出る。

「君子は何事も自分に責任を求めて**反省**するが、小人は責任を他人に求める」（論語・衛霊公第15−21）。常に責任は自分にあるとの思いで、積極的に動くことである。

適応力…ピンチのときこそ、サポートしてくれる仲間を感じ、その声を聴く。

「**和**する**心**が大切で貴い」（論語・学而第1−12）。和する心とは、自分とすべての他者との間に互恵関係を確立しようとする強い思いである。

状況把握力…広い視野を持ち、双方三〇人の状況を即座にスキャン（布陣把握）できる。

「一を聞いて**十を知る**」（論語・公冶長第5−9）。これは、極めて理解が早く、洞察力が鋭い人のことである。ラグビーでは試合中に、先を見通すことができるように、常にいろいろな人の話を積極的に聴くことである。

謙虚さ…対戦相手を敬い、勝利のためならどんな小さなことにも徹底して取り組む。

「どんな場所や地位にいても恭しく慎み、どんな仕事をするにも敬い慎み、どんな人と接しても**誠実**であること」（論語・子路第13−19）。実業家の稲盛和夫（1932−）は、「謙虚なリーダーだけが、協調性のある集団を築き、永続する」と言っている。特に、ラグビーの試合中は、闘争心・意志力だけでは、ラフプレーになったり、周りが見えなくなったり、チームに迷惑をかけることになる。そこで、日頃から「利他心」を生起させるために、謙虚に心を磨く必要がある。

このように、ピンチをチャンスに変える手法が、『論語』には多く書かれている。危機に直面したときにも、これをチャンスとして受け止めて、「禍を転じて福となす」ことができるのであろう。勝ち負けやミスを恐れる気持ち、すなわち、「私心」のない心で考え、冷静に対処していけば、困難をのりこえるだけでなく、より高いレベルの展開が見えてくるのであろう。

勝利を導くのは、仲間を信じ、誰よりも練習をしたという誇りからくる圧倒的な自信であるが、それが常に頭の中をめぐっていては試合に勝てない。無我の境地が必要で、後は天に任せるという気持ちの切り変えが勝利を導くのである。すなわち、「人事を尽くして天命を待つ」である。

試合中に、ゲームメイクに失敗すると、試合前に、十分に準備をしていても、少しのきっかけから展開ががらりと変わることもある。小差で勝ったり負けたりするゲームは、得点差が気になり過ぎたり、審判のジャッジに不満を持ったりするものである。また、その気持ちは相手チームにも読み取られてしまい、相手チームの団結力に火をつけてしまう。逆に試合中に、一つの勇気あるプレーから、チームの団結力に火がつきだすと、あのチームには勝てないと思わせる威圧感を、相手チームに与えることになり、圧倒的な点差で勝てるはずである。

あるチームの事例を紹介しよう。前年のシーズン終了後から、練習はどのチームよりも多くやってきた。精神的にも部員それぞれがひと回りもふた回りも大きくなった。しかし、いざふたを開けてみると、一点差で勝ったり、数点差で負けたりの繰り返しでシーズンが終わってしまった。シーズン前は、勝ち続けた練習試合やチームの自信とまとまりから、圧倒的な点差で勝ち続けると確信していた。仲間を信じる気持ちやミスを恐れない気持ちは十分に持っていたはずである。しかし、本戦で、少しの後退から相手チームに体格的に勝てると思わせたり、作戦が裏目に出たときにそれを少しでも引きずったりした時点から、得点にこだわる気持ちが湧いてきたり、悪い展開を予測したりするようになったのであろう。試合前にはあった圧倒的な自信、それにミスという言葉さえも忘れる集中心がスーッと消えてしまい、ミスも多くなり、相手に与える威圧感が減少してしまうのである。

すなわち、図2の「無我の境地」が重要であることが分かる。何事にも動じない「不動心」は「無我」から生まれるのであろう。そのためには、まず、練習で圧倒的な自信を得ることである。次に、試合では、「自分がミスをしても仲間がすぐに取り返してくれる」「仲間がミスしたらすぐに自分が取り返してやる」「ピンチをチャンスに変える」という、自分と仲間とチームを信じることである。そして、「自分は仲間を信じているか」常に自問自答することである。

松下幸之助は、「自己観照」（『松下幸之助一日一話』）と言っている。すなわち、自省の強い人は、あやまちが非常に少ないと言う。「自分にどれだけの力があるか、自分はどれほどのことができるか、自分の適性は何か、自分の欠点はどういうところにあるか、というようなことが、ごく自然に、何ものにもとらわれることなく見出されてくるからである」と説明している。

威圧感を出せた試合の例を紹介しよう。前半開始すぐにキックをチャージされるミスから先行され、前半終了前に追いついた。しかし、後半開始すぐに先行された。このままずるずる負けるパターンであると思われた。ところが、前半苦戦したスクラムが、後半は修正されていた。すると、ゴール前のペナルティーで、ラインアウトから、モールを作って攻めた。トライにつながらなかったが、この結果、後半の中頃から、相手陣地での攻防となり、相手のペナルティーからラインアウト、ゴール前のモールからのトライと、モールがきれいに決まっていった。その後、このパターンで、立て続けに三トライを奪い圧勝した。前半、相手が圧倒していたスクラムが、ハーフタイムで修正後、相手に威圧感を与えることになったのであろう。その後、よい流れをつかみ、スクラム、相手のペナルティー、ラインアウト、モールという美しい布陣、リ

ラインアウト

ズムが生まれた瞬間であった。そしてそれが連続したのは、力まずに流れに身をまかせる感覚を皆がつかんだのであろう。このとき、選手各人があたかも試合全体を自分の手の中に収めたと思い、試合をコントロールしているような気分になったのであろう。逆に、勝つことを考え過ぎると、感情の流れが乱れ、無駄な力が身体に入り、よい流れをつかむことができなくなってしまう。試合に負けるときは、勝ちにこだわり過ぎたり、自分が何とかすると思い過ぎたりで、自滅してしまうことが多いのである。

【試合（円陣）】

ワールドカップ2019のインタビューで、田中史朗（1985-）は、「（四年前に比べて強くなったところは）自分たちで判断できるチームになった」と言っている。また、リーチ・マイケル（1988-）は、「分析するときは分析、分からないときは分かるように努力する」と言っている。これらの判断や分析は、ラグビーでは、試合中の円陣でなされることが多い。図4より、そのための心構えは、「主体性」「課題発見力」「計画力」「考える力」であり、『論語』からそれらを身につけるための手法を考えてみる。図5のキーワードとも照らし合わせながら以下を読むと効果的である。

主体性…自らの意志と判断で行動する（南アフリカ戦の勝利、二〇一五年）。

「あなた自身が『**正**』によって人々の先頭に立っていけば、すべての人々は正しくなる」（論語・顔淵第12-17）。「自ら人々の先に立ち、**人々のために**努力する」（論語・子路第13-1）。逆風が吹いているときこそ、自分の責任であると考え、打開策を皆で考える姿勢を自分の責任でなさなければ強くなれない。味方のミスで攻め込まれ苦境に陥っても、それは仲間のせいではなく、全て自分の責任であると考えるべきである。松下幸之助は、「少なくとも、問題が起こった際には、他人のせいだと考える前に、まず自分のせいではないか、ということを一度考え直してみる」（『松下幸之助一日一話』）と言っている。

課題発見力…意見を出し合い、考え、現状を分析し、目的や課題を明らかにする。

「なぜだろう、どうしてだろう、と常に**問題意識**を持たぬ者は、私としてはどうしようもない」（論語・衛霊公第15–15）。常に自問自答することである。ラグビーは、課題発見力を磨くための機会の連続であり、常に課題発見、皆との共有、反省を意識することである。

計画力…試合前のミーティングで計画を立て、試合の合間のミーティングで計画を修正する。

「**将来**を考えずに目先のことばかり考えていると、近いうちに必ず困ったことが起こる」（論語・衛霊公第15−11）。目先のことだけにとらわれずに、試合前の作戦や計画を思いだし、修正すべきところは大局的に捉え、即座に変更することである。ラグビーは、限られた時間内で計画し、決断し、動き、結果を出すことの連続である。

考える力…円陣のたびに強くなるために、思考力で相手を上回る。

「学んでも自分に当てはめて考えないとダメで、自分の考えだけで学ばないと独断に陥る」（論語・為政第2−15）。感じ、考え、動く、そのためには円陣でのスムーズな情報交換が必要である。言われたことをこなすのではなく、なぜ自分が今これをやっているかを考えることで、目標や目的やそのための手法を自主的に考える習慣が身につくのである。

3. 組　織

イングランド代表ヘッドコーチのエディー・ジョーンズ（1960-）は、世界で勝つための組織作りについて、以下のように述べている。（「世界で勝つための組織作り」日本オラクル特集記事）

1. リーダーシップ
2. マネジメント
3. 自分の強みを知ること
4. 規律と文化を構築すること
5. 学ぶ環境を構築すること

フォワード、バックス、控え選手まで、ラグビーは他のスポーツ以上に適材適所の人員配置が求められ、それが結果を左右するスポーツである。その意味では会社の人事と似ているところが多く、管理職の目線で見ても参考になると言われている。大学では、○○大学のラグビー部に憧れて、一般受験で浪人までして入り、大活躍をする選手が多くいる。「この組織に憧れていて、一員になりたいと思う」ことの大切さは、会社でも同じである。組織が、正しいやり方で、世の中にも役立つ結果を出すためには、「モチベーションの高い人材を引き寄せて、より人間的に成長させられるか」が最も重要な戦略となる。

東洋大学の創立者の井上円了は、哲学館（東洋大学の前身）の趣旨や哲学、海外事情などを伝える講演会を全国で開いて、大学運営の寄付を募っている。大口よりも小口を積極的に集め（草の根運動の先駆者？）、その理由を、「寄付をすることによって、自分の大学だと思ってもらいたい」と説明している。万民に好かれる魅力ある大学を目指していたのであろう。このことが今の東洋大学にもつながっており、憧れて受験してくる学生も多くいる。

ところで、良いチームとは、どのようなチームなのか。チームは、フォロワー（メンバー、部下）一人一人で成り立っている。キャプテンや監督や部長もその中の一人である。松下幸之助は、

「会社にも『社徳』が必要である。あの会社のためだったらと思わせる、組織としての徳である。そのためには、社会に役立つしっかりした経営理念とその実践が求められる」（谷井昭雄『松下幸之助ものづくりの哲学』ＰＨＰ研究所）

と言っている。これは「社徳」というものが存在し、組織には必要であるということである。ラグビーのチームでも同様に「部徳」が必要であり、社会に役立ちたいという理念と実践がモチベーションの高い人材を引き寄せることもある。例えば、東洋大学のラグビー部では、理念の一つとして、「全部員が仁者を目指す」を挙げている。

【仁あるチームとは】

マサチューセッツ工科大学（ＭＩＴ）メディアラボのアレックス・ペントランド（1951‐）は、「実績を上げているチームは、全部員が平等に会話している」（『ソーシャル物理学』草思社）と言っている。これは、良い組織にするためには、皆が話しやすい雰囲気を作る必要があるということである。

トヨタ自動車の改善では、目標をどんどん高くし、縦・横の密なコミュニケーションで全体が一体となっているチームが改善で成果を上げると言われている。これは、コミュニケーションが、改善を成功させるためのキーであるということである。

コーチのコーチのジム・グリーンウッド（1928‐2010）は、「ボーッとしていては駄目！　プレーを感じ、考え、心に刻み込む。判断、反応、戦術、意思決定、スペース……」（『シンク・ラグビー』ベースボール・マガジン社）と言う。すなわち、練習に、試合に、集中できるチームを作ることが大切であるということである。著者が大学のときのジムは、正チームと同好会チームを平等に指導してくれた。対面の敵の眼を見て敵味方の布陣を即座に判断し、タックルされる直前にパスをする体感を繰り返し教わった。ジムは、パス・キャッチでは、ボールになりきること、また、スクラムでは、相手になりきり、相手の力だけを感じることとよく言っていた。これは集中する手法でもある。

「なりきる」とは、どういうことであろうか。画家・絵本作家の秋野亥左牟《いさむ》（1935-2011）は、

「タコを獲ろうと思って狙って行くと獲れない。そのときは自分が『欲望をもった人間』になっている。そういうのを払っていくと、自分は『海』になる。『タコ』になる。そうすると、タコがいっぱい寄ってきて、いっぱい獲れる」（NHK日曜美術館、二〇一九年一一月二四日放送「秋野亥左牟　辺境の向こう側を見た男」）

と話している。ラグビーに当てはめると、ラグビーや論語のあらゆる知識を総動員してプレーする選手が、無私になり、三〇人のプレーヤーやグラウンドと一体になることができれば、ボールやスクラムが向こうからコミュニケーションを取ってくるとい

コンバージョン

うふうに捉えられるのではなかろうか。

また、著者の経験からも、全選手が思考で相手を上回ることができると、円陣のたびに強くなるチームができるのである。部員それぞれが、良いアイデアを持ち、それをいかに早く皆に広げるかを、常に考えていることも大切である。すなわち、皆が常に声を出すことでもある。アレックス・ペントランドは、

「ベル研究所の花形研究者は、メンバー全員がチームの一部という意識を持たせ、均一で調和したアイデアの流れをチーム内に生み出し、誰もが新しいアイデアを出せる環境を作る」

（『ソーシャル物理学』）

と言っている。ラグビー部でも、部員たちが、立ち止まり、振り返り、仲間たちと対話し、お互いに学ぶことができる不可欠な場を作ることを第一に考えるべきであろう。これはフォロワーシップが有効に働く場作りでもある。すなわち、仁あるチームとは、リーダーシップとフォロワーシップがバランスよくフレキシブルに働いているということであろう。

【フォロワー】

フォロワーシップの心構えを以下に示す。（「東京都教職員研修センターの研修」参照）

① **【自分への気づき】** 自分ができたこと、頑張ったこと、得意なこと、良いところに気づき、自信を持つとともに、自分の行動や考え方を常に反省する。

② **【自分の役割】** 組織やさまざまな人間関係において自分の役割を理解し、周りの人のために働いていることを自覚する。

③ **【自分も他者も認める】** 自分の考え方や行動の良いところを大切にし、周りの人

の多様な意見や価値観をも受け入れる。

④【**働きかけと感謝**】多様な集団の中で活動し、人との関わりを広げるとともに、周りの人の支えがあって自分が活動できていることに感謝する。

⑤【**自分の可能性を信じる**】失敗を恐れずに果敢に挑戦し、成功を信じ、頑張り続ける。

これらは『論語』の中では、「夫子の道は忠恕のみ」（里仁第4−15）と言われており、自己の良心に忠実で、人の心を自分のことのように思いやる精神が大切である。この根底には「利他」がある。

『論語』に、「九思の教え」（季氏第16−10）がある。以下にその内容を示す。

1. 物事をはっきり見ること
2. 人の話は詳細に聴くこと
3. 温和な表情を保つこと
4. 恭《うやうや》しい態度を保つこと

5．誠実に話すこと
6．慎重に仕事を為すこと
7．不確かなことは確認すること
8．怒りを表す前に後のことに思いを致すこと
9．利益を得る前にそれが道理に適っているか考えること

また、『論語』に、「視、観、察」（為政第2-10）とあり、これらはすべて「物事をはっきり見ること」について述べられている。

また、『論語』に「温故知新」（為政第2-11）とあり、これは「過去から学び、現実を見て、未来への道筋を示す能力」を得ることである。

【リーダー】

図4より、リーダーの心構えは、「働きかける力」「包容力」であり、『論語』からそれらを身につけるための手法を考えてみる。図5のキーワードとも照らし合わせな

がら以下を読むと効果的である。

働きかける力…メンバーがチームのために能力を発揮できるように、あなたが助ける。

「自分が事を成し遂げようとすれば、まず人を**助けて**目的を遂げさせる」（論語・雍也第6-28）。リーダーは、各部員のそれぞれの目的がかなえられるように一緒に考え、それをチームの目的にもつなげていく。

包容力…すべてのチームメイトに興味を示し、能力や役割を理解しながら接する。

「まずは**心を豊かにし**、周りの人を愛せるようになることだ」（論語・学而第1-6）「人を活用するために、**他人を知る**ことだ」（論語・顔淵第12-22）。リーダーは、仁愛の気持ちで、部員すべての個性や特色をよく理解していないといけない。

東洋哲学から導き出せるリーダー像とは、どのようなものであろうか。老子は、

「無為を実践する人は、動作や行為をしてないように見えながら、実際は非常に強力なリーダーである」（『道徳経』）と言っている。これは、「無為自然の原則」と呼ばれており、気づかれずに相手を変化させたり、自己を主張せずに取り仕切ったりするための手法である。

一三二〇年代の中国の子供向けの歴史読本『十八史略』に、「堯《ぎょう》（王様）の御世も数十年、平和に治まっていた。堯はあまりの平和さに、天下が本当に治まっているか、自分が天子で民は満足しているか、かえって不安になった。そこで、目立たぬように変装して家を出て自分の耳目で確かめようとした。ふと気がつくと子供たちが、堯を賛美する歌を歌っていた。これを聴いた堯は、子供たちは大人に歌わされているのではないかと疑って真に受けず、立ち去った。ふと傍らに目をやると、老百姓が腹を叩き、地を踏み鳴らしながら楽しげに歌っている。

日の出と共に働きに出て、

日の入と共に休みに帰る。
水を飲みたければ井戸を掘って飲み、
飯を食いたければ田畑を耕して食う。
帝の力がどうして私に関わりがあるというのだろうか。

この歌を聴いて堯は世の中が平和に治まっていることを悟った、とされる」と書かれており、東洋では、優れたリーダーの資質は「謙虚さ」と「意思の強さ」であり、カリスマ性やワンマンタイプではないということである。これは、ラグビーのリーダーシップにも合致する。

では、強いチームとはどのようなチームであろうか。全部員各人が自然と皆を引っ張っている（無為）チームであり、そこではフォロワーのリーダーシップが重要となる。それではリーダーは何をするのであろうか。そこに必要なのは、「しんがり」のリーダーシップである。最も強いリーダーは先頭に立って引っ張っていくのではなく、「しんがり」、一番後方を務められる人である。登山のパーティーで全隊員が見えているのは「しんがり」で、一番強い人がなるという。困難にぶつかったときに、「なぜこれを我慢してもらわないといけないのか」や「誰かに犠牲が集中しないか」と、セーフティーネットをあらかじめ張っておくことが強いリーダーには要求される。

「俺についてこい」と一人のリーダーがチームを引っ張っていくリーダーシップが、分かりやすく、よく機能する組織もある。しかし、そのような組織では、フォロワーは、常に受け身であり、リーダーが抜けると、組織として動きが取れなくなるのである。やはりラグビーには、フォロワーのリーダーシップが要求される。そこで必要なのは、「しんがり型リーダーシップ」である。それを象徴するポジションが、ナンバーエイトやフルバックである。すなわち、ラグビーでは、スクラムで少し押されてもすぐに立て直しができたり、チームに気づきや共感を与えたり、見えない頑張りの部員をフォローしてあげたり、などがリーダーの役割であるといえる。

【チーム】

図4より、強いチームになるための心構えは、「改善力」「発信力」「信頼力」であり、『論語』からそれらを身につけるための手法を考えてみる。図5のキーワードとも照らし合わせながら以下を読むと効果的である。

改善力…個人の改善をチームの改善へとつなげる。

「**日に**新たに、**日に日に**新たに」（大學）。自ら変わることを選択することで、相手も変わるのである。

発信力…チームに自分の意見を分かりやすく、簡潔に伝える。

「言葉は自分の**真意**を正しく相手に伝えられれば、それだけでよい」（論語・衛霊公第15–40）。誰に何を発信するのかをしっかりと考える。発信する前にまず相手を思いやることである。

信頼力…人を信じ、相手に信じられて、強い信頼関係を築く。

「人として信がなければ、うまくやっていけるはずがない」（論語・為政第2–22）。自分が言ったことには責任を持つことである。

『大學』に「絜矩《けっく》の道」という、自分の心を尺度として、他者の心を推し量る方法が示されている。図6に、『大學』に示された人間関係をイラスト化したものを示す。その意味するところは、

✓上の人からされて、いやだと思うような態度で、下の人を使うな。

✓下の者からされて、いやだと思うような態度で、上の人に事《つか》えるな。

✓先輩からされて、いやだと思うような態度で、後輩に接するな。

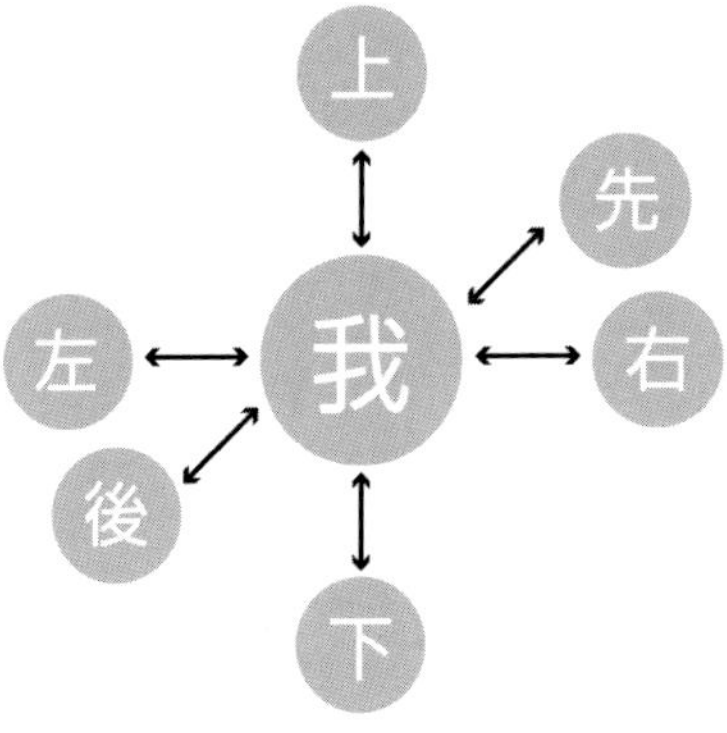

図6　絜矩の道

✓後輩からされて、いやだと思うような態度で、先輩に接するな。
✓同列の友人関係において、右の人からされて、いやだと思うような態度で、左の人に交わるな。
✓左の人からされて、いやだと思うような態度で、右の人に交わるな。

チームにとって、選手と監督の関係は最も重要である。そこで、『論語』から選手と監督の関係に役立つ語句を意訳して、以下に示す。まずは、選手から監督に対する心構えとは、

- 「自分が監督に認められないことに不満を持たず、実力がまだ足りないところを自覚せよ」（論語・憲問第14−32）
- 「監督が自分を理解してくれないことを心配するよりも、自分が監督を理解してないことを心配せよ」（論語・学而第1−16）

である。選手と監督の両方に必要な心構えとは、

- 「何事もバランスが大切」（論語・先進第11−16）

である。監督の心構えとは、

- 「監督はチームを徳で治め、礼で秩序を維持する」（論語・為政第2-3）
- 「監督は志を同じくするものとしか、共に仕事をしないこと」（論語・衛霊公第15-40）
- 「監督が礼を好むと、選手を働かせるのが簡単になる」（論語・憲問第14-43）
- 「監督は核心をシンプルに理解し、選手に短く伝えること」（論語・衛霊公第15-3）
- 「監督は三つの顔を持つ。遠目には威厳があり、近づくと温かく、言葉を聞くと厳格だ」（論語・子張第19-9）
- 「監督は選手の失敗を見て、良いところを引き出すこと」（論語・里仁第4-7）
- 子貢「孔子に悪口を言っても無駄である」（論語・子張第19-24）。監督は悪口から身を守るために、他の人からの良い評判を得る行動を常に心がけるべきである
- 「監督が自らを正さなければ、選手を指導できない」（論語・子路第13-13）
- 「監督は選手をルールに従うようにさせることはできるが、その目的や内容を理

解させるのは難しい」（論語・泰伯第8-9）

である。

二〇一九年一〇月二六日の箱根駅伝予選会で筑波大学が四三校中六位に食い込み、二六年ぶり六三回目となる本戦出場をつかんだことがメディアで大きく取り上げられている。短期間での強いチーム作りの方法がユニークであり、以下にまとめて示す。

- （新チームでは）本気で優勝を目指す人だけを残す。
- 優勝のためにすべてを犠牲にできる人だけを残す。
- ミーティングを新チームからシーズン突入まで一〇〇回以上繰り返す。
- ミーティングだけで終わるのではなく、必ず行動に移す。
- 全員がチーム目標達成のために、チームの成長のために、それぞれの役割で全力を尽くすことを強く自覚する。

これは、ラグビーにも通じるチーム作りである。

4. 個人

【紳士と名選手】

「ラグビーは紳士（gentleman）のスポーツ」であると言われる。男性だけのスポーツではないので、紳士は人格者と言い換えるほうが適している。また、人格は「人徳」とも言い換えることができる。人徳者とは、「あの人のためならやろう」と皆が思う人でもある。逆もまた真で、人徳者は、「皆のためにやろう」と自ら思う人でないといけない。

名選手と言われるのはどのような人であろうか。『論語』に、「仁者《じんしゃ》は必ず勇気がある。勇者は必ずしも仁者とは言えない」（憲問第14-5）とある。また、ラグビーでは、名選手は必ず勇気があると言われている。『論語』から推察すると、紳士であり名選手である人を「仁者」と呼ぶことができる。よって、「ラグビーは仁者のスポーツ」であると言い換えることができる。では「仁」とは何であろうか、それは『論語』に多く現れるキーワードの一つである。

次に、「勇気」とは何であろうか。プラトン著『ラケス』に「勇気」について、以下のようなソクラテス（前469頃-前399）と軍人との問答がある。

ソクラテスが「勇気とは何か？」と尋ねる。

軍人のラケスは「逃げ出さない覚悟である」と答える。

それに対してソクラテスは、「プラタイアイの戦いでは、一度退却し、相手の状況を見て、向き直って勝ったぞ」と再度尋ねる。

ラケスは考え直して、「勇気とは忍耐力だ」と答える。

ソクラテスは、「忍耐は分別を欠くこともあるぞ」とまたまた尋ねる。

別の軍人のニキアスは、「勇気は『知』を含む。善悪を知ることだ」と答える。

この問答より、「勇気とは何が正しいかを知っている」ということである。

そこで、試合に勝つための人間学とは、『論語』では、自分に勝つための人間学と言い換えることができる。『論語』の中に、「仁」に至るステップとして、「恕」から「忠」から「仁」を示している。「恕」とは、「己の欲せざるところを、人に施すことなかれ」ということである。「忠」とは、「己の欲するところを、人に施せ」ということである。最後に「仁」とは、「人の欲するところを、人に施せ」ということである。

図7に示すように、「恕」「忠」「仁」と進むにつれて難度が増すのである。ちなみに孔子は自分で、「恕」の人と言っており、まだ、「忠」にも達していないということであろう。すなわち、「仁者」になるためには、「忠恕」のステップを歩む必要があるということである。

【選手】

図4より、選手の心構えは、「規律性」「紳士力（仁力）」「立志力」「ストレスコントロール力」であり、『論語』からそれらを身につけるための手法を考えてみる。図

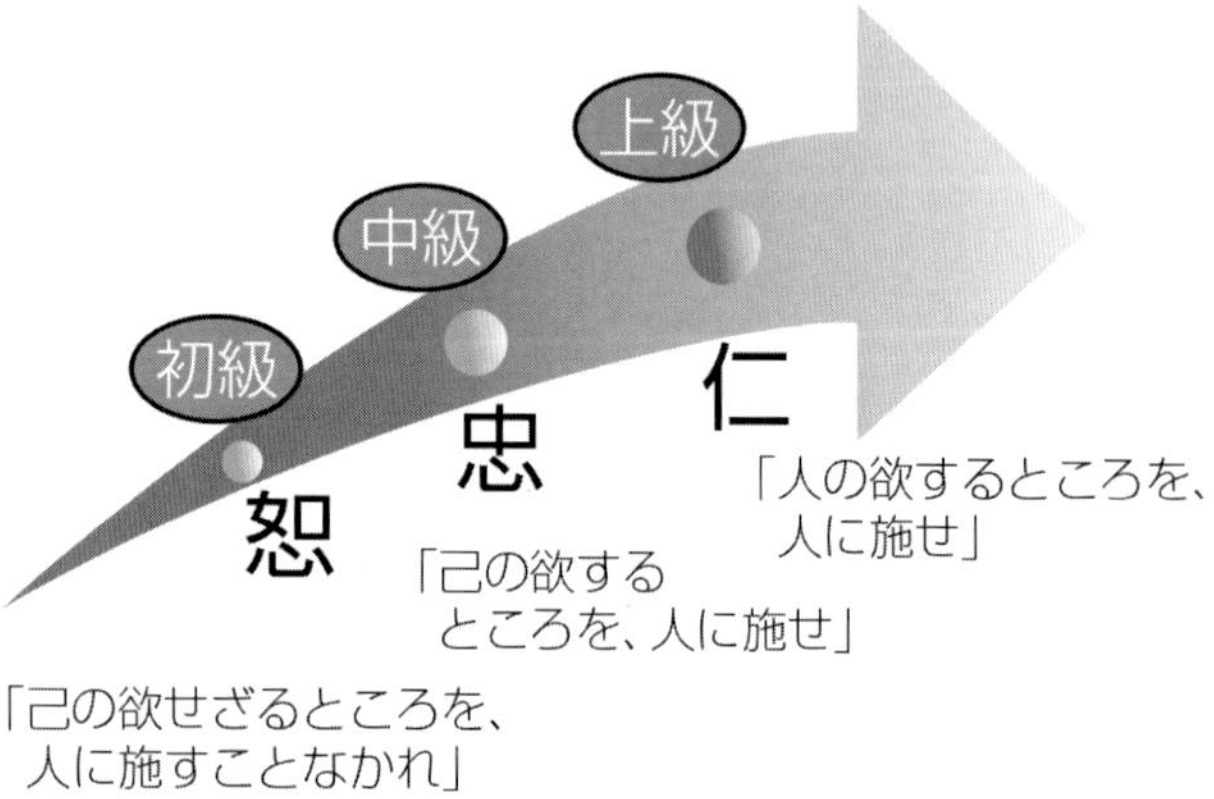

図7　仁に至る道

5のキーワードとも照らし合わせながら以下を読むと効果的である。

規律性…試合での規律、および、チームでの生活習慣、価値規範、行動基準に沿いながら独自のパーソナリティーを形成していく。

「自分の欲望に打ち勝って**礼**に従う」(論語・顔淵第12-1)。「**礼**を学ばなければ安定してやっていけない」(論語・季氏第16-13)。礼によって相互の信頼と尊重が得られるのである。しっかりと挨拶ができれば、自然と規律正しくなるということである。まずは挨拶から、相手の目を見て、大きな声で、笑顔とともにということである。

仁力…倫理・道徳に則った言動と行動でチームに良い影響を及ぼす。

「自己の**修養**に励み、周囲の人々を安らかにする人が君子である」（論語・憲問第14-44）。自分の心をしっかりと管理し、人格の向上に努めている人は、周囲に安らぎをもたらすことができる。常に学び続けていく姿勢を持ち、理想を目指して自身を変えていこうとする人には、周囲の人が感化されるということである。

立志力…高校・大学・企業・国など自身が所属する組織の看板を背負っていることを自覚する。

「**天命**を自覚しないようでは立派な人物とは言えない」（論語・堯日第20-3）。自分一人の目標や志ではなく、天下国家の志を持つことである。志の大きさとは、その成功を共に喜び、失敗を共に苦しむ人の数の多さである。多ければ多いほど、自分の能力の限界を突破することができるようになるのである。自分のためではなく、チームのために、大学のために、国のために、世界のために、身体を張ることが必要である。

ストレスコントロール力…仲間や相手がいるからラグビーを楽しめ、幸せな時間を過ごせる。

「そのことを知っている者は、そのことを好んでいる者には及ばない。そのことを好んでいる者は、そのことを**楽しんで**いる者には及ばない」（論語・雍也第6–20）。部員それぞれの良いところを見つけ引き出すために、また、皆で楽しめ、盛り上がることができるチームになるために、常に求め、悩み、考え続けている人になることである。そのためには、楽しいことをやるのではなく、やっていることを楽しむことが大切である。著者は、卒業生に常に、「仕事に就いたら、まずは、その中で楽しみを見つけるように」と言っている。

江戸時代の科学者・儒学者の貝原益軒（1630–1714）は、その著書『楽訓』で、「学ばぬ人は内にある楽しみを知らぬ。また外にある楽しみをむだにする。内外二つとも失ってしまう」

「天地の恵みをうけて人となり、天地の心をうけて心とした人間であるから、天地の心に従って、わが仁心を保ち、常に楽しみ、温和・慈愛を心がけ、情が深く、人を哀れみ、人に恵み、善をおこなうのを楽しみにしなければならぬ。人の悪いところを直そうと怒り罵《ののし》るのは、やむを得ない場合だけである。普段は和楽を心がけて、気を養うべきである。しかし和ばかりで礼がないと一方にかたよって、乱れて楽しみを失う」

と、楽しむことの大切さを述べている。勉強にも、仕事にも、その中に楽しみが見つけられればストレスもなくなるのである。

【練習】

図4より、練習をおこなうときの心構えは、「泥くささ」「相含力《そうがん》」であり、『論語』からそれらを身につけるための手法を考えてみる。図5のキーワードとも照らし

合わせながら以下を読むと効果的である。

泥くささ…キックオフ直後からフルスロットルにするために、練習の一本目から本気で全力で取り組む。

「人間は愚直なくらい**まっすぐ**生きるのがいちばんだよ」（論語・雍也第6-19）。

弟子の冉求《ぜんゆう》が、「先生（孔子）の道を学ぶことをうれしく思わないわけではありませんが、力がたりないのです」と言ったので、孔子は、「お前はまだ全力を尽くしていない。今やお前は、自分で自分の**限界**を作り出すことでやらないことの言い訳をしている」と答えた（論語・雍也第6-10）。自ら自分の限界を決めたり、他者と比べて自分のランクを決めたり、などなど、そのように思い、努力をあきらめた時点でその人の成長は終わってしまう。それとは逆に自身を成長させるのは、泥んこになって、勝つために無我夢中になって練習することであろう。

相含力…ぶつかり練習とスペース把握練習を積み重ねることで、他になりきる力や直感力を身につける。

「君子の徳は風のようなものであり、小人の徳は草のようなものである。草は、これに風が吹けば、必ず頭を下げるのである」（論語・顔淵第12-19）。善行は、相手に指示するよりも、まず自分からおこなうことで、皆が善行をおこなうようになる。

試合では、各選手が規則正しく配置され、幾何学的な美しさをともなった布陣、また、リズミカルに二人一組でタックルに向かう連続な流れ、また、倒れてもすぐに立ち上がりラックにまた突っ込んでいく素早い連続的な動き、などなど、ここでは、ビューティフル・ラグビーと呼ぶ光景が見られるときがある。これは、よい流れをつかむ、その流れを続けることにもつながる。この美しさは、相手に威圧感を与え、相手の作戦や力のベクトルを狂わせる効果もあると考える。しかし、この美しさは、知識やスキルの高さだけでは、決して生まれないものである。泥くさいくらいに同じ練習の繰り返しや、チームに自然な相含力を生むために、ぶつかりと反省との繰り返しで、身体に叩き込むことで、試合で意識せずにビューティフル・ラグビーが生まれてくるのである。

ワールドカップ2019では、各スタジアムでドローンが活用され、美しい布陣や流れるような攻撃が、よく理解できたであろう。それでは、選手は、ドローン撮影の素晴らしい鳥瞰図から学べるものがあるだろうか。否である。

選手は、空気の流れや汗の匂いや友の息づかいを感じながら、頭の中で三〇人の布陣を、自身が鳥になった気持ちで俯瞰《スキャン》することによってのみ学べ、体感として心に積み重ねられていくのである。現代の科学技術万能社会にあって私たちは、あまりにも器機に頼り過ぎ、機械を通して見えるものしか信じなくなっている。インターネットやマスコミでも同様である。

ところが、ラグビーの美しさは、見えないものから生まれるのであり、それは、理論よりも体感、目だけよりも五感すべてで、他からの情報よりも自身のイメージや直感から得られるのである。特に、練習で体験し、自身で考え、皆と共有し、身体をぶつけ合う「相含」から、美しい身体の動きやチームプレーが生まれるのである。

5．器を広げる

「器が大きい」と言われる人は、

- 私心がない、利他の精神、自己犠牲
- 無我の境地、我執がない、バイアス（先入観や偏見）がない、空っぽになれる
- 迷いがない
- 全体が俯瞰《スキャン》できる
- 聞く耳を持っている
- 心に余裕がある、度量が大きい、全てを受け入れる包容力を持つ
- 常に上を目指す
- 行動で示す

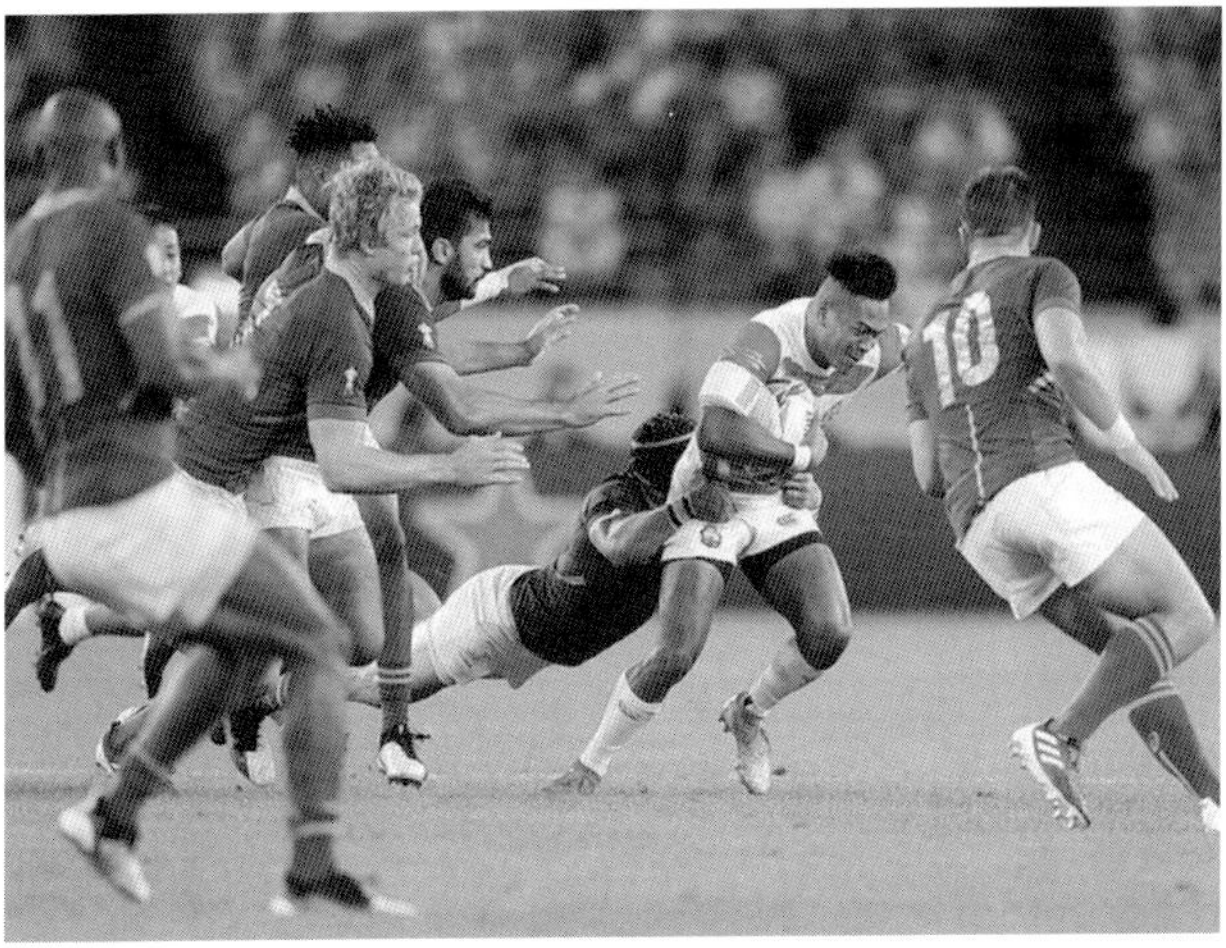

ダッシュ

これらを実施するためには、①余裕を持って行動する、②相手を否定せず一度受け止める、③常に笑顔を心がける、ことである。

ラグビーを通じて人間の器を広げることができると言われている。その理由を考えてみよう。ラグビーの試合の特徴から次のことが言える。

✓試合では、いろいろな得点のパターンがあり、攻め方・守り方も多様であり、先を読み、接戦を制することが重要となる。

✓三〇人が入り乱れて試合をするため、

いろんなことがあって当たり前であり、カオス（混沌）を受け止めることが要求される。それは、何があっても動じない心でもある。

✓先頭になって敵に突っ込んだり、勇気あるタックルをしたり、自分が犠牲になり、仲間を生かすことができる。

✓ゴール手前で、集団で体をぶつけてせめぎ合う。

これらの経験を積む（何回も失敗することも重要）ことで、困難にぶつかったときに、即座に課題を解決できる力が身につくのであろう。

試合に臨む自身の気持ちの特徴から次のことが言える。

✓敵と味方を分けているのは自分の頭（バイアス）であることが分かり、一人一人のあるがままを受け入れることができ、自分を含め全体を俯瞰する能力が必要とされる。

✓自分がこうだと思って、ガーッと突っ走ると反則を犯すことがある。常に冷静さが求められる。

✓何かにとらわれる（バイアス）と、それがもとで試合に負けてしまうということがある。無私の心が求められる。

これらの経験を積むことで、多様なモノの見方・考え方が身につくのであろう。それは、「私の見方では」「あなたの見方では」「客観的に見ると」「主観的に見ると」「全体を見るために少し下がってみよう」という多角的な見方のことである。また、バイアスをなくした見方、冷静な態度、無私になる努力をすることでもあり、これらはみな、ラグビーで培われるのである。

『論語』から、器を広げるための手法を考えてみる。

【執着しない】「孔子は四つのことを絶った。思い込みで動かない。無理強いをしない。執着をしない。我を張らない」（論語・子罕第9–4）。

【自己犠牲】「志士や仁者は、命を大切にしながら仁徳を守る。また、身を殺してでも仁徳を成し遂げる」（論語・衛霊公第15–9）。

【あるがまま】「七〇歳になって、自分の思うように行動しても人の道をはずすことがなくなった」(論語・為政第2-4)。

【全体を俯瞰】「器が大きい人は、いろんなことに長じていて、大局を見ることができる」(論語・為政第2-12)。

【体をぶつける】「先ずその言おうとすることを実行してから後でものを言うことだ」(論語・為政第2-13)。

ラグビーでの器の大きさとは、「私心にとらわれない」「耳を傾ける」「寛容」「平常心」「広い愛の心」「和やかな立ち居振る舞い」「こだわらない」ことがどれだけできるか、また、できるように努力しているかであろう。人として大きな器を得るための手法は、「強く願う」「日々の反省」「先人に学ぶ」「常に組織を優先する」「そのときが来るのを待つ心」などであろう。

Ⅱ　ラグビーと仕事

1．なぜ仕事するの

【就職力】

弟子から就職面接対策を聞かれたとき、孔子は、

「できるだけ多くの情報を集めて取捨選択し、確実なことだけを口にする。また、できるだけ多くのものを観察して学びとり、できることを余力を残して実行する。そうなってこそ、おのずと職につけるのだ」（論語・為政第2-18）

と答えている。これをラグビーに当てはめてみると、

「生活でも試合でも、できるだけ多くの情報を集めて取捨選択し、確実なことだけを指示・共有する。また、できるだけ多くの攻守を練習して学びとり、できることを余力を残して実行する。そうなってこそ、おのずと試合に勝てるのだ」

となる。

一般的に、ラグビー経験者は就職で有利であり、企業に入ってからもいち早く出世していくと言われている。そこで、ラグビー経験者の就職力を以下にまとめてみる。

- ノーサイドの精神から、利他の心、個人への配慮を学ぶ。
- 組織・異文化への適応力がある。
- 大学や企業の看板を背負うことの意味を自覚する。
- 結果が出ないときに、仮説を立てて練習を工夫する能力がある。
- 試合中ピンチのとき、自ら前に出る習慣で、矢面に立つ覚悟がある。
- 試合で泥くささと粘り強さが養成される。
- メンタルの強さ（折れない心）とモチベーションの維持ができる。
- 試合と練習で鍛えられた計画力、即断力、円陣で課題抽出・具体的対策提案（創意工夫）、伝達力がある。
- 自陣でピンチのときに、規律を守る重要性を学ぶ。

これらは、ただ漠然と練習や試合をおこなっていても、なかなか身につかない。そこで、上記のラグビー経験者の強みを、『論語』をもとに学び、強みを論理的に理解することにより、より強くすることができると考える。加えて、就職力を、『論語』の実践から身につけることで、一生役立つ人間力に格上げすることができると考える。

【仕事力】

儒教の古典、四書の一つ『大學』に、「格物致知誠意正心修身斉家治国平天下」とある。これは、「格物致知・誠意正心・修身斉家・治国平天下」と分けて読む。説明は二字ごとに八分割し、『大學』の八条目と呼ばれている。①「格物」は、「かくぶつ」と読み、物に至る、または、物をただす、と解釈されている。②「致知」は、「ちち」と読み、知識が深まり、知恵が磨きあげられることである。③「誠意」は、「せいい」と読み、思いを誠実にして嘘をつかないことであり、「まごころ」のことでもある。④「正心」は、「せいしん」と読み、心を正しくすることである。⑤「修身」は、「しゅうしん」と読み、正しいおこないに努め、身を整えることである。⑥「斉家」は、「せいか」と読み、家の中が互いに仲良くなるよう整えることであり、家庭内を平安にすることである。⑦「治国」は、「ちこく」と読み、正しく国を治めることである。⑧「平天下」は、「へいてんか」と読み、世の中を平安にすることである。

以下に、仕事に置き換えて現代語訳してみる。

王様「世界を平和にするにはどうすればいいのか？（平天下）」

孔子「国（日本）を良くすることです（治国）」

王「国を良くするにはどうすればいいのか？」

孔「あなたの職場を良くすることです（斉家）」

王「職場を良くするにはどうすればいいのか？」

孔「勉強（研修）することです（修身）」

王「どのような心構えで勉強すればいいのか？」

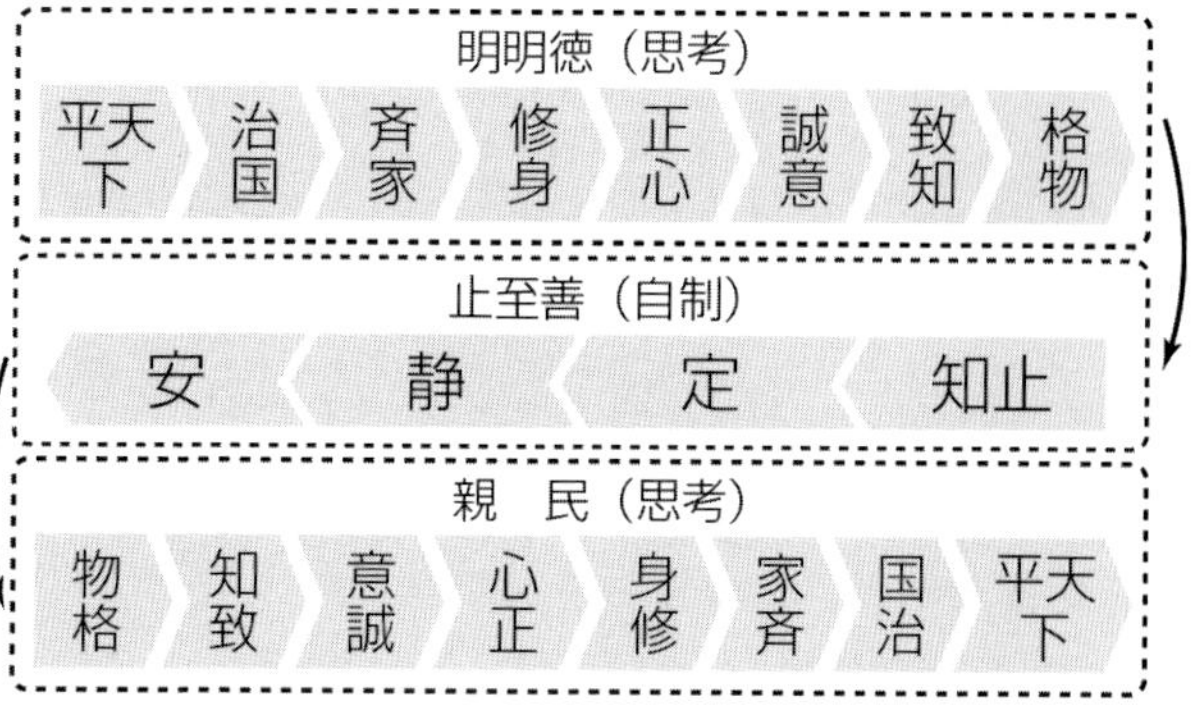

図８　『大学』の三綱領と八条目

孔「私利私欲をなくし（正心）、人を思いやることです（誠意）」

王「なんのために勉強するのか？」

孔「仕事で、自分の能力（致知）を発揮し、業務改善（格物）をするためです。」

最後の「業務改善」には、自らの手で、自らの職場を良くしていくという気構えが必要であるということである。

『大學』は、己を修め、人を治めるための方法を説いたものである。その一切の活動の根元が、「明明徳《めいめいとく》」「親民《しんみん》」「止至善《ししぜん》」であり、これを三綱《こう》領《れい》と言う。それぞれ、明徳を明らかにすること、民に親しむこと、善に至りそこに止まること、である。

八条目と三綱領の関係を図8に示す。上段は思考過程で、「平天下」から始まる。下段は実践過程で「物格」から始まる。中段は思考から実践に向かうときの心の持ちようで、「止まるを知り」から、「定まる」ができて、その後に「静かなり」ができて、「安定する」ができるということである。「止まる」とは、日本農士学校校長の菅原兵治《ひょうじ》（1899–1979）によると、ストップではなくステップという意味であり、「善に向かって歩むこと、すなわち、理想に向かって、一歩一歩確実に歩み続ける」ことである。よって「止まるを知る」とは、人生の目的を見つけ、そこから始めることである。「定」「静」「安」は合わせて、不安動揺のない、安定した生活である。これは知的把握である。これに対して、同じく『大學』では、飽きたり怠けたりせず、養生し、鍛練した結果として、見違えるような丈夫な体になることを「能く得」と言っている。これは行《ぎょう》的努力を積むことである。

2．なぜラグビーするの

【ラグビーの意義】

「格物致知・誠意正心・修身斉家・治国平天下」から、ラグビーをする理由を考えてみよう。大学のラグビー選手とヘッドコーチである孔子との仮想対話は以下のようになる。

選手「世界平和に貢献したいのですがどうすればいいですか？（平天下）」

ヘッドコーチ・孔子「○○大学を良くすることだ（治国＝良学）」

選「○○大学を良くするにはどうすればいいですか？」

孔「あなたのラグビー部を強くすることだ（斉家＝強部）」

選「ラグビー部を強くするにはどうすればいいですか？」

孔「練習することだ（修身＝練習）」
選「どのような心構えで練習すればいいですか？」
孔「一生懸命（正心＝情動）、周囲を思いやり（誠意＝姿勢）練習することだ」
選「なんのために練習するのですか？」
孔「部で、自分の能力（致知＝体力・技術）を発揮し、チームを変革（格物＝戦術）するためだ」

チームを変革するには、全部員が自らの手で、自らのチームを良くしていくという気構えが必要であるということである。そうすれば、世界平和にも貢献できるのである。

図9に、ラグビーをすることと、仕事をすることの関係を示す。ラグビー経験者は精神的にも肉体的にも、世のため、人のために役立つ基盤ができているものである。

そこで、人生の目的を見つけ、志を立て（立志）、志を実現しようとする強い意欲を保ったまま、仕事をする。

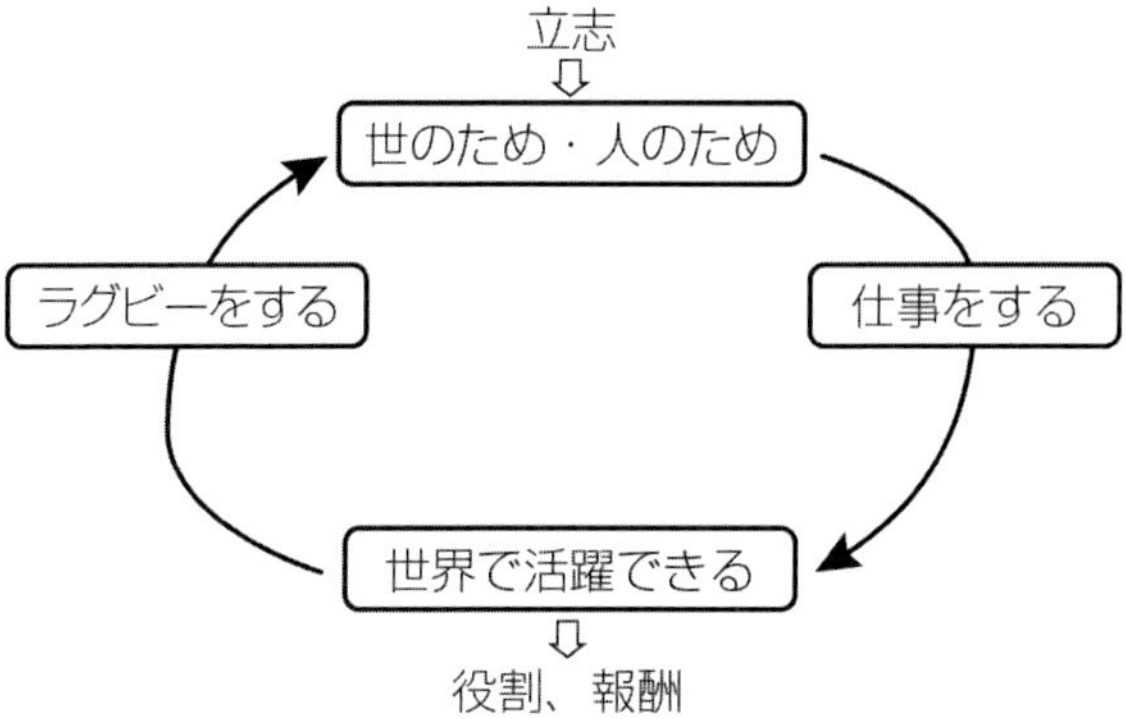

図9　ラグビーと仕事

ここで『大學』の「止至善」を当てはめると、「志を選んで固執する」こと、また、仕事は「志に至る」ためのステップであると考えればよい。そして、世界で活躍し、自身の役割（職分）や報酬を得ることができるようになる。その後にまた、ラグビーをする、または、その精神に戻って『論語』を読む、というサイクルを繰り返すのである。『大學』に、「日に新たに、日に日に新たに、また日に新たならん」とあり、図9より、ラグビー経験者は、仕事とラグビーを繰り返すことにより、「志を新た」にしていくのである。現状にとらわれることなく、一日ごとにのぞましい進歩向上を自覚しながら、そ

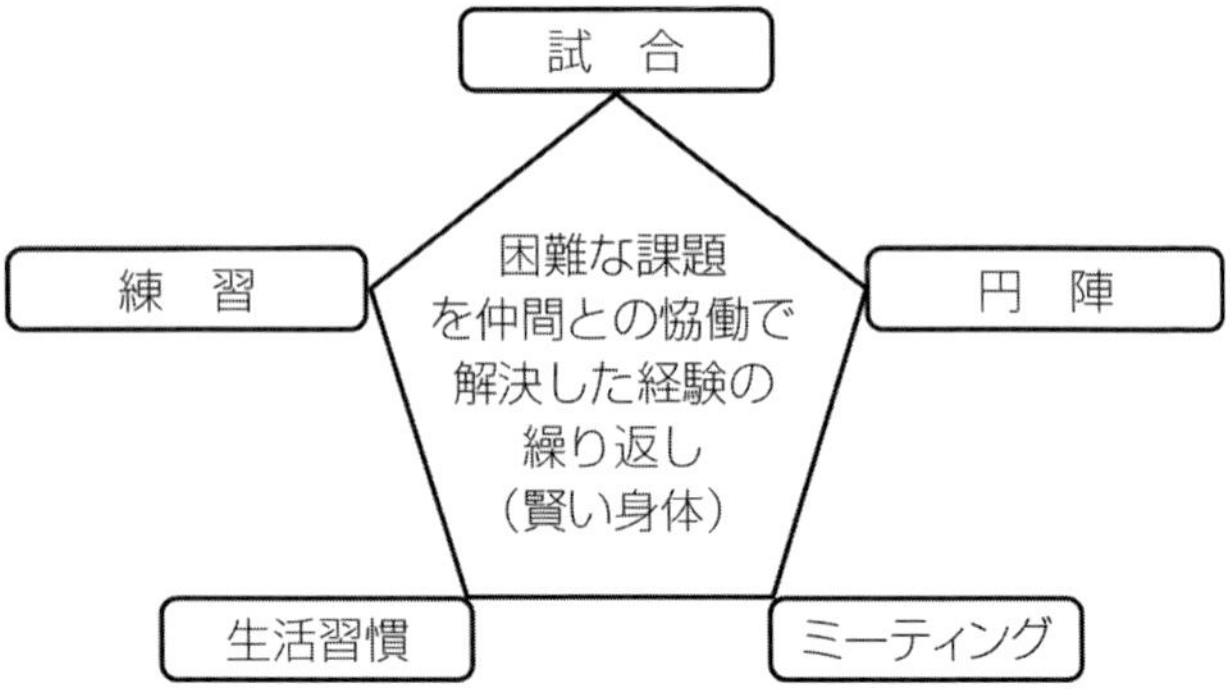

図10　ラグビーする

の姿を新たにする。その姿とは、身近な筋力やスキル、それに、掃除や礼儀でもよく、それらが「日に日に新た」である必要がある。これは、王陽明の言う「事上磨錬」でもある。

図10に、ラグビーをすることの意義を示す。選手は、「試合」「円陣」「ミーティング」「生活習慣」「練習」の繰り返しを経験する。このラグビーを通じて、困難な課題を、仲間との協働で、何回も解決した経験により、ラグビー経験者だけが得られる「賢い身体」が培われるのである。そして、図10の五角形は、図9の仕事をするのにも役立つ。そして、「賢い身体」とは、哲学することにもつながる。ここで「止至善」を当てはめる

と、「キツイ練習に耐える」こと、また、試合は志に至るためのステップである。

著者がラグビーを引退し、転職して二〇年後に、社会人チームの元同僚から地域のシニアチームに誘われた。最初は、著者よりも高齢者が試合でゆっくり動いているように見えた。でも実際に試合をしてみると、著者はまったく追いつかない。二〇年間ブランクがあると、続けている年輩者には、動きも体力も到底勝てなかった。これが「賢い身体」の一例であると感じた。

【哲学する】

「ラグビーを哲学する」とは、常に問いかけること、疑問を掘り下げることである。

✓なんで？：理由をさぐってみる

✓ほかの考えは？：いろんな考えを出してみる

✓反対は？：あえて逆で考える

✓もし〜だったら？：仮説を立ててみる

✓そもそも？：前提からうたがってみる

✓立場をかえたら？：誰かの気持ちになってみる

✓たとえば？：具体的に挙げてみる

✓くらべると？：ちがいはどこかさぐってみる

✓…………。

このように、問いかけながら、「賢い身体」を感じ、練習や試合で実践し、反省し、練習することが大切である。

3. なぜ練習するの

ラグビーでは、相手との非常に激しいぶつかり合い（フルコンタクト）がある。そこで、図11に示すように、自分と他者の関係から試合や練習を見ることが重要となる。そこで図12に、図11をより詳しくしたものを示す（上野裕一、小松佳代子『ラグビーが育てるかしこいからだ』叢文社、参照）。これは、なぜ練習するかの解答でもある。

図12の手順を説明すると、以下のようなステップになる。

1st　8の字を描くように、他者との関わりが外界との関わりを触発し、逆に外界との関わりが他者との関わりを促進する。

2nd　これを繰り返し、8の字のスイッチング（他者・外界）を早くする。これら

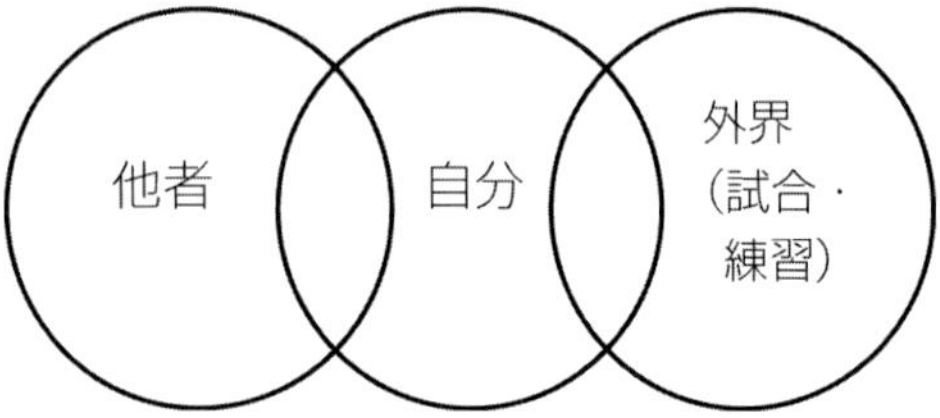

図11　自分と他者と外界の関係

の練習を繰り返すことで、習慣になり、感性が磨かれる。

3rd　試合では、見方同士でぶつかり合う協働的な面と、全体の状況や配置を俯瞰して見る面（個々の状況判断をチームプレーへと昇華）との両方が必要である。

4th　練習の積み重ねによって、他者とぶつかり合う度合いが高まればそれだけ、他のプレーヤーの動きが把握でき、それが全体の配置（俯瞰）の理解力を高め、どこにスペースが生まれるかなど、次なる人の動きや状況が分かるようになる。

5th　他のプレーヤーの動きになりきり、共感できるようになるために練習する。

4th を一言でいうと「心即理」である。「心即理」とは、

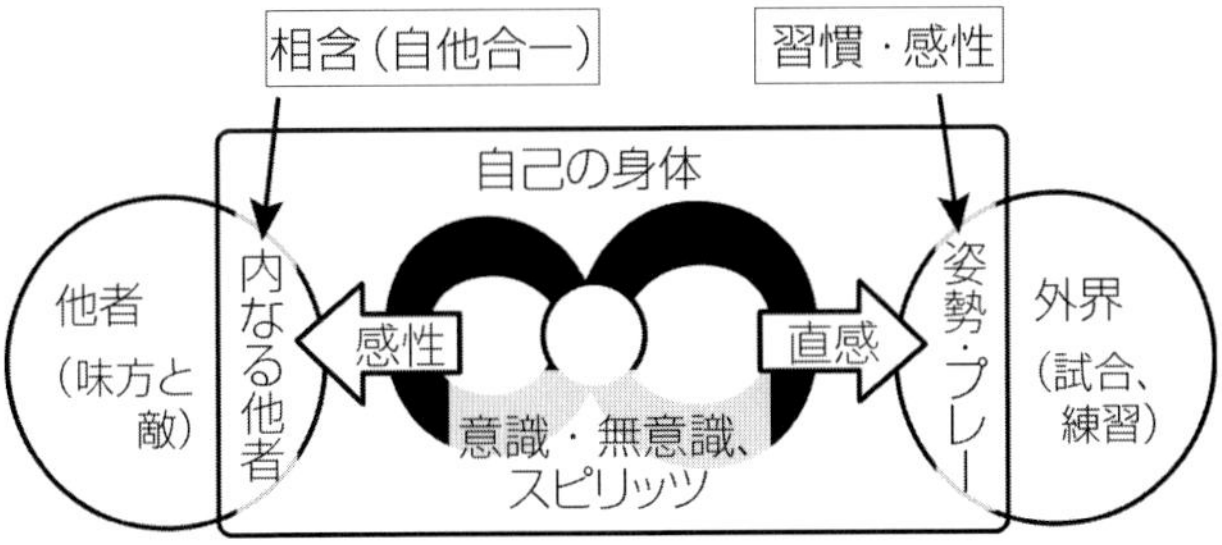

図12　自己の身体の使い方

『大學』から説明できる。王陽明によると、

「わたしの言う致知格物は、わが心の良知の天理を事事物物に致すことである。わが心の良知は、天理である。わが心の良知の天理を事事物物に致せば、事事物物みなその理を得るのである。わが心の良知を致すのが『致知』であり、事事物物みなその理を得るのが『格物』である。つまり、わたしの立場は、心と理とを合わせて一つにする、ものにほかならない」（『伝習録』中・答人書6）

と言っている。すなわち、自分と他人との対立をなくし、心の内なる「良知」を発揮するだけでよいと説いている。

アイルランドの元ラグビー選手のブライアン・オドリスコル（1979–）は、「自分のラグビーに集中して楽しみ

たい。そしてその瞬間を生きたい」と言っている。これは、「知行合一」、すなわち、「瞬間に生きる」ことである。

ニュージーランドの元ラグビー選手のジョナ・ロムー（1975-2015）は、「人生で一番大変なときは、自分の内側を見つめて困難を乗り越えるためのエネルギーを見つけようとするときだ。僕は諦めない。諦めたこともないし、これからも諦めないだろう」と言っている。これは「内省」のことである。

『論語』に、「己を達せんと欲して、人を達せしむ」（雍也第6-30）とある。これは、「自利利他」、すなわち、自利のままが利他になる、利他のままが自利になるということ、の手法を言っているのである。このことをラグビーに当てはめてみると、瞬時に攻撃の意図を仲間同士で共有すること（利他の精神）、これは究極の「あうんの呼吸」であり、相互の信頼と瞬間の情報共有ができるようになるということである。

図13に、練習の結果と『論語』との関係を示す。図13の全体は、王陽明が言うところの「万物一体の仁」のことであろう。「万物一体の仁」とは、

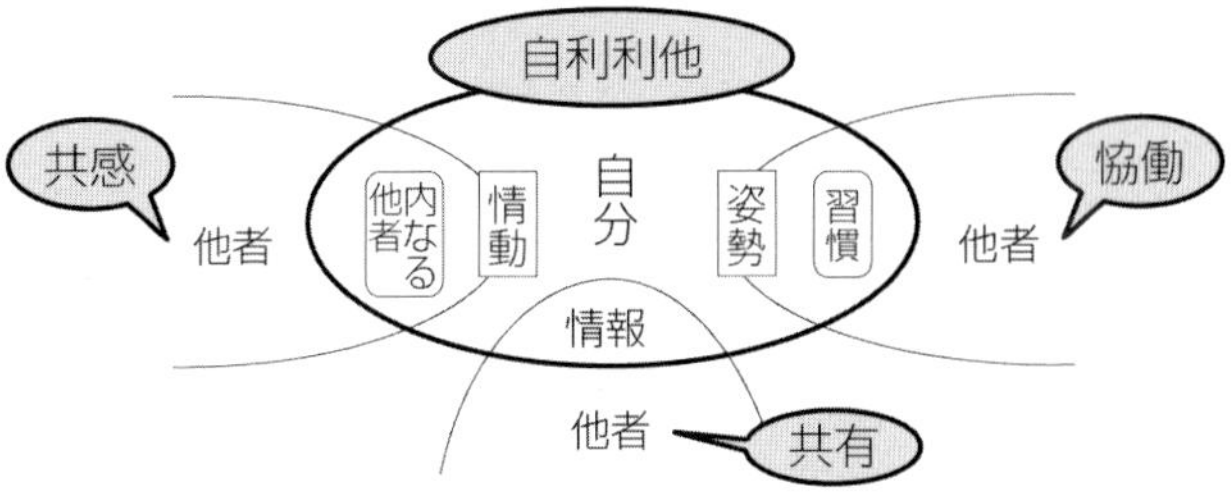

図13　練習の結果と論語

「『格物致知』より『平天下』に至るまで、要するにただ『明徳を明らかにする』ものにほかならない。『民を親しむ』というのもまた、明徳の他ではない。明徳はこの心の徳であり、とりもなおさず、仁である。仁とは、天地万物を一体となすもの、もし、一物といえども所を失うものがあれば、それは、わが仁が尽くされていない、ということにほかならない」（『伝習録』上・89）

ということである。また王陽明は、「万物一体の仁」への手法とは、先ずは「誠意」を持って、血縁関係による「親親」（親に親しむ）を念頭に置き、さらに「明明徳」により「仁民」（民に仁を施す）の境地に達することである。そして最後に「愛物」（すべての物を愛する）も「万物一体」によって実現できるとされる。「万物一体の仁」とは単に「我」（自分）と「民」（みんな）との一体化のみならず、宇宙生命体の全体的な統一性と繋がりを意味するもので、天地万物の一体化である。

これをラグビーに当てはめてみると、「歴史的身体」と言い表せる。長い歴史を持つ大学のラグビー部を例に挙げれば、過去のラグビー部の人々の思いや文化がつながり、一つの大きな身体になっていると言える。このように、現役とＯＢとを含めた大きな身体を感じることができるようになれば、もっと広げていくことも容易にできるようになり、チーム、国、人類のすべての「隔」を超えて、天地万物に至り、万物はひとつの流動する大生命であることを体得することができる。結局、天地という大親《おおおや》の懐の中で、全ては一体の同胞になるのであると考えればよい。よって、練習は、過去の身体を未来につなげるためにおこなわれるとも考えられる。これも「One for All. All for One.」と同様の考えであり、ＯＢや未来の後輩までも含めた「One team」を目指して、限界を超えた練習に耐えるのである。

Ⅲ　ラグビーと日本人の心

1．ワールドカップ2019

ワールドカップを開催するにあたっての日本ラグビーフットボール協会の岡村正会長のコメントは、

「日本ラグビーのミッションは、人々を豊かにし、社会の発展にも貢献していくことです。ラグビーという競技は身体、技能に加え、人格をも鍛えるスポーツとしてインテグリティ、すなわち真摯さを示し、次世代に伝えていきます。困難なことに果敢に挑む姿勢こそ、日本ラグビーのあるべき姿です。二〇一九年日本はアジアで最初のラグビーワールドカップ開催国になります。ラグビーワールドカップ2019日本大会の成功と勝利こそが、日本ラグビー史上最大の挑戦です。日本ラグビーは、あらゆる人々や社会の活力になるために、二〇一九年を越えて、日本を越えて、ラグビーを越えて、インパクトを与える『Big Try』への挑戦を続けていきます」（日本ラグビーフットボール協会　ホームページ）

である。これは、心の豊かさ、人格形成、真摯さ、気骨（困難に挑む）など、日本独自のキーワードが散見するコメントである。

ワールドカップ2019の開催中のニュースや選手らのコメントを以下に挙げる。

・感謝の思いを持つのは、お互い様だ。台風で被害を受けた釜石。試合中止となったカナダ代表の屈強な男たちは、一〇月一三日、同市内でスコップやポリ袋を手に泥を集めた。地元の人々の日常生活の回復に貢献しようとする姿は、大会公式ツイッターなどで紹介されるなど、感動の輪を世界中に広げている。

・一〇月一三日、日本に敗れて予選プール敗退が決まったスコットランドがフィールドに整列して花道をつくり、拍手で勝者を称えた。試合中に胸倉をつかみ合った田村優とリッチーが握手を交わした。ラグビー好きにはなじみの光景なのだろうが、普段ラグビー中継を、まして試合後のやり取りまで見る機会のない人には、

トライ

敗者スコットランドの堂々とした姿が衝撃的だったはずだ。

●一〇月二〇日、準々決勝で南アフリカ代表に敗れた日本代表は、翌日の午前に総括会見をおこなった。「今日はより多くの皆様からご質問をいただいたほうがよろしいかと思います。挨拶は、もう今の藤井強化委員長がチームを代表してひと言申し上げました。それがすべてでございます。本当にありがとうございました。それではこれより質疑応答に入らせていただきます。」チーム側からの挨拶は、最少にして、記者の質問にできるだけ答えようとした相手を気遣う気持ちであった。

•「ハカ（ニュージーランド）」「シピ・タウ（トンガ）」「シヴァ・タウ（サモア）」「シビ（フィジー）」など他の国の伝統・文化・風習を重視し、尊重する。

•スタジアムでは、サッカーのように固まって応援しない。敵味方のサポーターが入り乱れて座る。いがみ合わないのが流儀だ。

•対戦相手への気配りの一つに、対戦国の国歌を事前に練習し「歌っておもてなし」をする日本人サポーターの存在がある。

•日本対ロシア戦後、英国では日本のサポーターが客席のごみを拾う姿を報じ、称賛のコメントが寄せられた。

•今回のワールドカップでは、優勝候補でもあるニュージーランドの選手たちが、宿敵・南アフリカに勝った際にピッチに整列し、まるで日本人のようにチーム全員がスタンドの観客に深々とお辞儀をした。

これらには、「感謝の思いはお互い様だ（共生き）」「堂々とした姿（武士道）」「相手への気遣い（周りを気にする）」「他の国の伝統・文化・風習を尊重（共存共栄）」「いがみ合わない（謙譲）」「おもてなし」「ごみを拾う（節目…締めくくりを大切にする。節度…度が過ぎる節はよくない）」「深々とお辞儀をする（美しい形）」など、「日本人古来の心」、「和の心」が多く含まれている。ラグビーでも、トータル的な「和」が整っている人は、「徳」があり、身体の動きも含め「美」の意識を体得できる人であると言えるのであろう。

2．日本人の心

ラグビーには、世界共通の素晴らしい精神がある。その精神を人材育成に使うだけでなく、本書はそこに日本の心を込めて、世界に再発信したい。

松下幸之助は、「日本人の心」として、「衆知を集める」「主座を保つ」「和を貴ぶ」の三つを挙げている（『日本と日本人について』ＰＨＰ研究所）。「主座を保つ」とは、日本は古来、海外の優れた思想や文化を取り入れる際、日本の伝統的な思想をなくして、代わりに取り入れたのではなく、日本人の特性に合った形で消化吸収してきたことに由来すると説明している。すなわち、日本人としての主体性を失わなかったということである。「主座」とは自らの拠って立つところを明確にし、主体性を持って事に当たることである。指導者は、「衆知を集める」ことが大切だが、主体性をしっかりと持っていなければならないということである。松下幸之助は、この主体性のことを「主座」と説明している。「主座」を保ちつつ他人の意見を聞いて、初めて「衆知」も生きてくるのである。

戦時中の台湾で活躍した土木技術者の八田與一《はったよいち》（1886-1942）が異国で示し、台湾の人々が感心した「日本人の心」とは、

- 向学心
- 熱心
- まじめ
- 公徳心
- 勤勉
- 仕事を大切にする
- 嘘をつかない

であると言われている。

元・中華民国総統の李登輝《りとうき》（1923-）は、八田與一を例に挙げて、「日本人の心」を、
・公に奉ずる
・伝統と進歩を調整
・義を重んじ、まことを持って率先垂範、実践躬行《きゅうこう》
と説明している。また、出所不明であるが李登輝は、「日常の五心」として、
1．「はい」という素直な心
2．「すみません」という反省の心
3．「おかげさま」という謙虚な心
4．「私がします」という奉仕の心
5．「ありがとう」という感謝の心
を自身への戒めとしていた。
これらも含め、著者が考える「日本人の心」とは、
・他の人々の考え方や宗教に対して寛容である◎

・集団の和を重んじて皆に合わせる◎
・万物に神が宿る
・対立を避ける◎
・白黒をつけない
・言葉や文字に頼らない◎
・「道」を究める◎
・規律順守◎
・以心伝心◎
・恥の文化◎

であると考えられる。これらの中で特に、◎はラグビーの精神に合致する。

ところで、神社神道の理念は、「清き、明《あか》き、直《なお》き、正しき、真心」である。ラグビーに当てはめてみると、「品位、情熱、結束、規律、尊重」というワールドラグビー憲章に合致する。日本人の祖先は、光明《あかき》を求め、清浄《きよき》を愛し、万物を素直《なおき》に受け入れ、正直《ただしき》に生きるようと、毎日、不断の努力を惜しまなかったのである。

3．ラグビー道（和の闘球）

【道】

○○道の「道」とは、「道理をわきまえること、分別」であり、「何が正しいのか」や「人の心とは何か」を十分に考え、その上に成り立つ信頼社会のルールであるといえる。また、宇宙変遷の理、すなわち、新しい形を生み出そうとして絶えずめぐり来る永遠の成長であるともいえる。

『荘子』（天地篇）には、

「先生が言われた、道というものは、天のように万物をおおい、地のように万物を支えているものである。また、果てしなく広大なものではないか。この道を受け入れるためには、君子は偏見を捨て、その心を空っぽにしなければならない。人為

ラグビー道	ラグビー精神	日本人の心
正直	インテグリティ	素直　反省
良心	信頼	道義心　感謝（謙虚）
利他	自己犠牲	減私奉公　おもてなし

図14　ラグビーと日本人の心

をすてて自然のままに従う（天）、すべての発言に私心がないこと（徳）、自己よりも他者の利益をはかること（仁）である」

とある。すなわち、「道」をおこなうためには、まず偏見や私心を取り除かないといけない。

ここでは日本人の精神を形成してきた東洋哲学をもとに、正しいラグビー人材育成、すなわち、「和の闘球」を考えてみたい。そこで、「ラグビー道」として、「正直（天）」「良心（徳）」「利他（仁）」の三つを挙げる。

図14に、Ⅲ章のまとめとして、ラグビーと日本人の心との関係を示す。

【正直であること】

ワールドラグビー憲章の一つ品位（integrity）のインテグリティには、正直さや高潔さという意味がある。試合に勝つために、強がることだけが、ラグビーではない。自分に向き合い、自分の弱さを正直にさらけ出すことも大切である。すると、周囲の人から、「この人は正直な人だ」「この人は信頼できる」「この人も自分と同じだ」という親近感が湧くことが多々ある。仲間意識が増すことになり、このようなときには、弱さは逆に強さになっているのだと思う。

人の道として、近江聖人の中江藤樹（1608-1648）は、「親孝行」「五事」を挙げている。藤樹は、近江国出身、伊予国大洲藩（現在の愛媛県大洲市）の武士である。ひとりぼっちの母への孝行のために、藩に対し辞職願を提出するが拒絶され、死刑を覚悟して脱藩し、近江に戻り、私塾を開き陽明学を教えた。

「五事」とは、正しく生きるには、日常、「貌《ぼう》、言《げん》、視《し》、聴《ちょう》、思《し》」の五つを心がけることである。

①なごやかな顔つきをし
②思いやりのある言葉で話しかけ
③澄んだ目でものごとを見つめ
④耳を傾けて人の話を聴き
⑤まごころを持って相手を思う

そして、「何より正直であることが大切である」と藤樹は言っている。

『論語』にも、

「君子に九思あり。視るには明を思い、聴くには聡《そう》を思い、色には温を思い、貌《かたち》には恭を思い、言には忠を思い、事には敬を思い、疑わしきには問いを思い、忿《いか》りには難を思い、得《う》るを見ては義を思う」（季氏第16−10）

とある。リーダーには、九つの心得が必要であるということである。

1．的確に見る

2．誤りなく聞く

3. 表情を穏やかに保つ
4. 立ち居振る舞いに品を保つ
5. 言ったことは必ず果たす
6. 仕事に敬意を払う
7. 疑問があったらきちんと訊ねる
8. 見境なく怒らない
9. 道義に反した利益の追求をしない

パナソニック・イズム（松下イズム）は、松下幸之助の丁稚奉公時代の心がけ、「正直・勤勉・調和」が根底にある。また、松下幸之助は、「なぜ掃除をしないといけないのか？」という質問に、そこには奉仕の精神と商人の美学があると言う。掃除が行き届いて美しい状態であれば、誰もがすがすがしい気分になる。整理整頓によって合理的になる。加えて幸之助は、「自ら実践する」ところに意義があると言う。仕事のコツを掴むヒントにもなると言う。

幸之助は、「便所の掃除も製品を作ることも同じだ。次の次のことを頭にいれて、仕事をしなければならない」と言っている。著者の松下電器での思い出の中にも、「きびしいが身についたしつけ」がある。寮生活での掃除を通じて、ラグビーの精神を学ぶことができたと思う。それは、ごまかさない正直さ、自己犠牲の精神、次の試合や練習に備える整理整頓、それに、自ら工夫し動くこと、などなど、掃除から得られることが多々あった。

【良心に従う】

昌平坂学問所（江戸時代の東京大学）の塾長であり、指導者のために『言志録』を著した佐藤一斎（1772-1859）は、「真の利益は義理に適合する」と言っている。「義」とは、社会のために為すべきこと、「理」とは、人として為すべきこと（道徳・良心）である。また、「義」とは人として歩むべき道と言われ、公のために為すべきことである。

また、「義」とは実践の法則であり、「理」とはその理由であるとも考えられる。良いチームの真の勝利と人材輩出は、「人間としていかにあるべきか」の哲学的探究から得られるものである。つまり本当の利益や勝利は、義理に適うものでなければならないということである。ところが世の中の利害というもののほとんどが、義理に反して打算にはしるのである。このことが大きな問題である。

佐藤一斎の弟子で、農民出身から備中松山藩の家老にまでなり、藩改革のため産業を興し、備中聖人と呼ばれた山田方谷《ほうこく》（1805–1877）は、「義（社会のため）だけを考えて利（利益・勝利）を求めない」と言っている。

山田方谷の弟子で、明治・大正・昭和の漢学者で、二松学舎の創立者の三島中洲《ちゅうしゅう》（1831–1919）は、「徳（心を鍛える）を積む」と言っている。利益・勝利は徳を積んだ結果であるということである。

三島中洲の友人の渋沢栄一（1840–1931）は、「論語と算盤」と言っており、ラグビーに置き換えると、「良心と試合」や「論語とラグビー」となる。また、栄一は、「論語は二四〇〇年以前の古い教訓であるが、今でも誰もが使える優れた実践道徳であり、実業家が大切に守るべき教訓も沢山ある」（『渋沢栄一自叙伝』渋沢翁頌徳会）と言っている。『論語』から得られた栄一の心得は、

1．社会に貢献することなくして事業は成り立たない
2．世界的な視野を持つこと
3．人的ネットワークやコミュニティーを作ること
4．多くの異なるものを結びつける「触媒」の役割を果たすこと

である。その結果、栄一は一人で、企業五二一社、社会公共事業一二六件を作り出したのである。

オハイオ州立大学アメフト・コーチのウッディ・ヘイズ（1951-1978）は、「勝利とは、誠実にものごとを続けてきたことの縮図にすぎない」と言っている。これは三島中洲の言葉と一致する。

近江商人の出身である丸紅(株)の行動規範には、「正義と利益のどちらかを取らね

ばならない状況に遭遇したら、迷わず正義を貫け」とある。ラグビーに当てはめると、「自己犠牲とトライのどちらかを取らねばならないときは、迷わず自己犠牲を選べ」となる。ラグビー選手の「良心」とは自己犠牲である。本物の勇気とはすべて、内なる良心から生まれるのであろう。そこで、紳士で名選手である「仁者」になるためには、ベストな自己犠牲の発揮の仕方を学ぶべきであろう。

【利他（世のため人のため）】

近江商人の心得に、「売り手よし、買い手よし、世間よし」とある。これは「三方よし」と言われている。「三方よし」とは、売り手の都合だけで商いをするのではなく、買い手が心の底から満足し、さらに商いを通じて地域社会の発展や福利厚生の増進に貢献しなければならないということである。

藤樹や商人道の石田梅岩（1685-1744）の影響を強く受けた近江商人に流れている商《あき》人《んど》精神は、「三方よし」や「陰徳善行」として代々受け継がれてきた。「陰徳善行」とは、天地自然の理に適うためには、「陰徳」（おもてには出さない善行）で、貧者や高齢者や病人をいたわることが大切であるということであり、そしてその結果、人ではなく天の評価を得ることが大切であると説いている。これらの思想の基本は、王陽明の言葉、「蓋《けだ》し其の心学純明にして、而《しこう》して以て其の万物一体の仁を全《まった》くする有り」に大きく影響を受けているといえる。近江商人の末裔は、高島屋、伊藤忠、西武、丸紅、トーメン、ヤンマー、大丸、日清紡、東洋紡、日本生命、トヨタ自動車、ワコール、西川産業などである。

商人道を座右の書とする松下幸之助は、「企業活動とは、世のため人のために働き、利益を出し、税金を納めること」と言っている。利益は単なる合法的目標であり、税金を納め、社会生活の向上に資することが直接目的であるということである。また幸之助は、「この道（練習・行動）に誤りはないか、社会道徳（チームの理念）に反していないか、また業界（ラグビー界）のためになるか」と言っており、一企業や一チームのことだけを考えるのではなく、業界やラグビー界全体のことを考えろということである。

武士、儒学者の横井小楠《しょうなん》（1809–1869）は、「誠意を持って世の人を助ける」と言う。小楠の志は世界平和である。甥の米国留学の送別の詩に、「東洋の思想を身につけ、西洋の技術を修得すれば、自分の国を豊かにしようとか、強い兵を持つ国にしようとか、ではなく、世界の平和に貢献していけるのだ」とある。小楠は、維新の十傑の一人であり、勝海舟（1823–1899）に「おれは、今までに天下で恐ろしいものを二人見た。それは横井小楠と西郷南洲とだ」とまで言わしめた。よって、人のためになるには、誠意を持って人に接し、いつくしみを持って人を救うことである。すなわち、一生懸命に人のために頑張れということである。今すぐ、高い志を持って、ラグビーを通じて、精神的にも社会的にも、人格向上を目指すことである。

勝海舟に恐ろしいものとまで呼ばれた横井小楠の気迫と威圧感を是非、研究し、目指してほしい。そこには、誰よりも強い世のため人のために世界平和を望む想いがあったことが分かるはずである。

Ⅳ　自分を見なおす

1．論語の楽しみ

論語の魅力は普遍的なものでもあり、多様性の要素もあります。まさにラグビーそのものと捉えることができ大好きです。

二五〇〇年も前であるのに、確信をつく多くの言葉は大変魅力的です。

論語の良さは、私のように多くの時間を運動で過ごしてきた読解力が優れない人間にも、いつでも自分のタイミングで詩を読み、自由に解釈し、楽しむことができることです。

また、何歳のときでも読み直すことができ、学び直すことができ、同じ言葉であっても、そのときの年齢、その瞬間に自分の心の持ちよう、タイミング、捉え方でどのようにでも受け取ることができ、好きに解釈できることが非常に面白いといえます。

同じものを見ても、さまざまな捉え方をすることができ、それで良しとされるのもまた論語の楽しみ方であります。

苦しい現実や苦悩に満ちた人間の「生」、人はいかに生きるべきなのか？　人生で心に刻む真理のヒントが論語にはあり、心を落ち着かせてくれます。

うんと困り切ったほうがのちのためには良いことや、どんな逆境にあっても感謝報恩の精神で日々をおくる心境に転換することができるのもまた楽しみです。

2．ラグビーと人間学

私は時務学と人間学の考え方をバランスよく捉えることが大切と考えます。

時務学とは、その時代に即した学問でありＩＴ技術、ＡＩ、資格スキルといった知識や技術を学びます。

ラグビーではＩＴ技術を導入した戦術や肉体強化、ルール変更に対応した基本スキルなどがこれに当たります。

人間学とは時代に左右されない学問。つまり人間の特性―愛情、思いやり、心遣い、礼節などといった人間のあり方「仁」の分野となります。

ラグビーがもたらす人格修養としてワールドラグビーが定める五つのコアバリューが人間学そのものであり、一般的にラグビー人が社会で活躍する人材が多いのも、競技を続ける中でこれらを自然に学んでいることが大きいのではないかと思い、私は真のラガーマン＝仁と捉えます。

品位（integrity）
情熱（passion）
結束（solidarity）
規律（discipline）
尊重（respect）

影響を受けた詩、言葉を紹介します。

身殺成仁　　身を殺して仁を成す

ラグビーの世界で最も信頼を得られる人間の極意ともいえます。人が嫌がる、泥臭く、痛い行い（プレー）を自ら率先し、仲間のために先頭で身体を張る選手が信頼を得られ、尊敬され、チームを結束させます。まさにラグビー精神One for All. All for One.　一人はみんなのために、みんなは一人のためにです。

徳有隣　　徳、孤《こ》ならず、必ず隣あり

徳を身につけた人は孤独になることはなく、必ず良き理解者が現れるものだ。

徳とは「仁」のことであり、思いやりがあり、気遣い、心遣いのできることであり、信頼のあるラガーマンその人のことです。

そのようなラガーマンには必ず良き理解者、良い仲間がいます。

温故知新　故《ふる》きを温めて新しきを知れば、以《もっ》て師たる可《べ》し
良いものに敬意を表し、残しながら、先端の戦術、ＩＴ、テクノロジーを速やかに導入し、アップデートしていきます。日々進化する世界のテクノロジー。

君に「忠」親に「孝」　君主に忠誠を誓い従い、親に感謝をし孝行する
私自身もこれまでに出会った全ての恩師（先生、指導者）に忠誠を誓い、この場をお借りして心より感謝を伝えたいです。

知好楽　遊　これを知る者はこれを好む者に如《し》かず
これを好む者はこれを楽しむ者に如《し》かず
知っているだけでラグビーをしている人は、ラグビーを好きな人には勝てない。
ラグビーを好きな人は、ラグビーを楽しんでいる人には勝てない。
ラグビーを楽しんでいる人は、遊びの境地でラグビーをしている人には勝てない。

恩師達から、ラグビーの楽しみ方について多くを学び、心より感謝しています。

知者は惑わず
仁者は憂えず
勇者は恐れず

迷うことなく、思いわずらうことなく、怖れることなく
これらは試合前の心構えの要素そのものです。

3．内観の経験

私は内観を通じて、より深く「孝」について考えるようになりました。

内観を一口で説明をするのは難しいのですが、神経症やアルコール中毒の治療法として見ると「医学」であり、カウンセリングでの効用に着目をすると「心理学」、自己啓発という面では「教育」として捉えられ、受刑者や非行少年を立ち直らせるための「矯正法」としても活用されています。

内観とは自分の内側を見つめなおすことです。

人間一度は内観を行うようです。多くの場合、死が直前に迫ってきたときに、自分の人生がどうであったか？　ということを真剣に振り返るようです。

そこでこれまでの人生での恩に気づき、恩返しをしなければとなるようですが、多くの場合、そのときは布団の上で過ごしており、体が思うように動かないようです。

そのため、内観を、生きているうち、元気なうちに一度、真剣に自分の人生がどうであったのかを真剣に見つめなおす時間を持つことの意味を教えてくれます。

内観は魂の大手術です。


【内観を行う】


内観の行い方はとてもシンプルです。

和室のすみに立てかけられた屏風の中に入り、半畳の中で一日を過ごします。

屏風の中では、正座でもあぐらでも、楽な姿勢でも構わず、目も開けても閉じても構いません。

まずは母親との関係に目標をおき、生まれたときから二〜三年おきに小学校低学年、

中学年、高学年、中学生、高校生時代、大学生時代、社会人と二〜三年ずつに区切って、母親から
「していただいたこと」

「お返ししたこと」

「迷惑をかけたこと」

を徹底的に調べます。

二時間おきに指導者の先生が屏風の前に来てくれて、正座にて「今、誰に対する、いつの自分を調べましたか?」と尋ねられますが、指導者からの助言や意見は一切ありません。

この時間は三分ほどですが、正座で手を畳につけて答えます。

「この時間は五歳から八歳のときの母親に対して調べました。していただいたことは……お返ししたことは……迷惑をかけたことは……」

ということを、朝の五時から夜の九時まで続けます。

この間、部屋から出ることは許されず、席を立てるのは朝四時半のトイレ掃除と、トイレ、入浴の時間のみとなります。

外部とは遮断され、テレビ、読書の禁止、面談以外は口を聞くことも許されず、携帯電話も預けることになります。

これが一週間行われます。

この方法で人格が根元から揺さぶられることになります。

初日

畳半畳内の屏風の中に通してもらい内観がスタートしました。

最初は母親に対する想いを調べるのですが、ほとんど思い浮かぶことはありません。

それよりも預けた携帯電話が気になり、仕事などさまざまな心配事が頭をよぎり、なかなか集中することができません。

小さなスペースに身をかがめている体勢が続くため、ラグビーで痛めた膝や、腰、さまざまな部位が痛み始め、これもまた集中力維持の邪魔をしてきます。

内観研修所は人の気配を感じることもなく静まり返っています。

すぐに引き返してしまった人や、三日で逃げ出した人の話も聞いていたので「なるほど」という実感がよぎります。

今振り返ると、私は心に病を抱えている時期でしたので大変貴重な時間となりました。

二日目
一日、二日、大きな変化もなく雑念との葛藤が続きました。
朝四時のまだ暗い中、トイレ掃除をしながら「俺はここで何をしているのだろう?」そんなことばかり考えていました。
唯一の楽しみは、屏風の中で食べる食事でした。何も急ぐ必要がないため、ゆっくりと噛んで食材を感じながら食べることができました。

三日目

変化が出始めたのは三日目あたりからでした。

母親に対する想い、父親に対する想いなどから、してもらったことや、迷惑をかけたことはちらほらと思い浮かぶようになってきたのですが、お返ししたことがほとんどなかったことに気づかされ始めました。

四日目

四日目あたりには両親に対する想いで、自分はどれほど迷惑ばかりかけていたのだろうと反省の思いから涙が溢れてきました。

楽しみにしていた食事もあまり喉を通らなくなってきました。

夜も、なかなか寝つくことができず、強く孤独を感じ始めました。

五日目

沖縄内観研修所は海のよく見える絶景の場所にあるため、部屋の窓からはゆっくりと朝日が昇るのを眺めることができます。

五日目の朝、数種類の鳥や蝶々が飛んでいる姿を見て、自然と涙が流れ、言葉では表すことのできない感情が湧き出しました。

早朝のトイレ掃除にも身が入るようになり、真剣にトイレ掃除と向き合うようになりました。誰に見られるわけでもないのに……。

掃除の時間も決まっているため、限りある時間の中でより効率よく、隅々まで、より美しくできるように工夫するようになりました。純粋にトイレを使ってもらう人に喜んでほしいという想いが湧きました。

毎日掃除しているので、それほど汚れないのですが、毎日違いが目につくようになり、汚れや整理整頓に細かく気をつけるようになりました。

私はこの経験から、掃除という行動を非常にポジティブに捉えています。真剣に取り組めるようになると、日々の変化、気づきのできる人間になれると確信しています。まさに「仁」を育むには最も大切な要素と感じています。

六日目頃

この頃には、内観についても見え方が変わってきました。

目をつむり、真剣に幼少期を振り返ると、部分部分ではありますが鮮明に思い出すようになりました。

幼少期の母親に対する想いを振り返っているとき、母親の一日も同時に見えることがありました。

まず朝、自分が起きたときを想像したとき、ハッとしました。

自分が起きる何時間も前に母親は起きていました。

私は八人兄弟の末っ子のため、上には二人の兄、五人の姉がいます。全員の朝食を準備しなければなりません。

それよりも前に母親は、新聞屋での広告入れ、朝刊配達もしていたために、三時には起きていたことを思い出しました。

父親は長距離運転手のために夜中に帰ってくることが多く、朝三時に帰宅することが多かったです。

父親の食事を準備していた母親が見えてきました。

子供を学校へ見送った後は、一〇人分の洗濯が始まりました。

洗濯をしながら内職をしていたことは、我が家の様子を地方番組で取り上げられた映像を見たことがあったので記憶が蘇りました。

日中は、内職の合間にヤクルト配達、新聞の夕刊配達、畑仕事、そんな合間に、幼少期の私はかなり迷惑をかけていたことが容易に想像ができるようになりました。

何もかも母親が一人でこなしているうちに、たくさんの子供達が帰ってきて夕食の準備が始まります。

この後、やがて夜中には仕事に疲れた父親が帰ってきます。

このとき、初めて私はあることに気づきました。

私の母は「ほとんど眠っていなかった」と。

この頃、指導者の先生へ説明したときは、土下座をしている姿勢のまま目を開けることもできず涙が止まりませんでした。

鼻水も止まらず、畳についた両手の間はグシャグシャになってしまいました。

父と母、どれほどの期待や想いから労力や時間、エネルギーを私に使わせてしまったのか。

どれだけ関わる人に迷惑をかけてしまったのか。
あるがままの真実を受け入れることができました。

我をなくすことであり、孝を行うことを強く思いました。

私は内観を行うことで心の病を克服することができました。
これ以来、スマホやＳＮＳ、ＴＶとも距離を取るようになりました。

今、目の前にいる相手、仲間と対話し、真剣に瞬間を生きる喜びを感じられるようになりました。

内観終了後

内観終了後、先生に感謝を告げ、家族に感謝を伝えました。

その日の夜、無性に母に会いたくなり、沖縄から岐阜への航空券を予約し、翌日会いに行きました。

何をするわけでもなく、ただ一緒に過ごしました。

自宅に泊まっているとき、朝方四時、トイレに目が覚めました。

窓の外を見てみると、母が道路の掃き掃除をしていました。

私は黙って、横で掃き掃除を手伝いました。無意識でとった行動に今も不思議に思うことがあります。

この頃、脳出血で半身不随の父を沖縄に連れ帰り、介護とも真剣に向き合わせていただくこともできました。

私の行った集中内観は入門式で卒業式ではありません。

大きな建物を建てる前にはしっかりとした基礎工事をするように、内観は人生の大切な基礎工事のようです。

まさに魂の大手術となりました。

私を内観へ導いてくれた沖縄の佐喜眞義肢の佐喜眞保さん、沖縄内観研修所の平山恵美子先生に心より感謝です。

井の中の蛙、天を知る

井の中の蛙は、馬鹿にされたりすることが多いですが、地球を一回りするよりも井の中でじっとしていたほうがよく分かるという意です。

文字通り、飛行機に乗って世界中を飛び回っているときにはキョロキョロしているだけで、天の青さも深さも分かりませんでした。

井の中の蛙だからこそ、空の美しさ、見えるものがあるということです。

この頃から、私は生かせていただいているという意識を持つようになりました。

おわりに

振り返ってみると、私（吉田）は、一五歳のときに工業高専でラグビーに出会い、その後、大学では同好会でラグビーを続け、企業に入ってからも三五歳までラグビーを細々と続けた。その結果、世界一のラグビーコーチのジム・グリーンウッドとも出会えたし、最高の仕事仲間とも出会えた。職場が変わって、その後、転職して、六〇歳までは、ラグビーと関わることなく過ごしてきた。しかし、二〇一八年秋、六一歳のときに、東洋大学のラグビー部長の大任を拝した。

大学では、哲学の授業も担当している。また、哲学の研究センターの長も拝している。そこで、ラグビーを離れてからも、ラグビーを通じて人間力や社会人力を高める手法を開発したいという思いをずっと持っており、最近はますますその思いが強くなっていた。そこで、私よりも半年前に監督に就任していた、共著者である福永と一緒に、部員の人間力を高める手法を検討し、実施した。その結果、ラグビー精神と論語や古来日本人のものの見方・考え方が一致することに気がついた。また、部員もよく理解してくれた。

福永がラグビー指導者であり、トップリーグで活躍したという経歴から、私の捉えてきたリーダー論や哲学的な観点を、実践的な主観的な感覚から二人で論じ合うことで、ラグビーの教育力をより具体的に説明できるようになった。その結果が本書であり、執筆は次の分担でおこなった。Ⅰ～Ⅲ章は吉田が執筆し、Ⅳ章は福永が執筆した。

日本で開催されたラグビーワールドカップ2019は、日本戦だけでなく、ほぼ全試合が満員で、それまでは日本では人気スポーツとは言えなかったラグビーに一躍注目が集まり、日本中を感動と熱狂の渦に巻き込んだのである。二〇二〇年になっても、ラグビー人気はますます高まっている。ワールドカップの試合や選手の素晴らしい態度から、人を育てるスポーツとしての「ラグビー」にも注目が集まっている。本書が、これからもラグビー人気が続くことになんらかの貢献ができ、また、ラグビーを通じた人格形成や社会人力を向上させたいと思っている人に、少しでもお役に立てば、まことに幸せである。

おわりに本書実現の機会を与えてくださった、冨山房インターナショナル社長　坂本喜杏氏に厚く御礼申し上げる。また、本書の完成にご尽力いただいた同社編集部新井正光氏に感謝したい。本書の実現は坂本氏がワールドカップラグビーを観戦されたこと、たまたま吉田がその直後に別件で冨山房をお訪ねしたこと、新井氏の御兄様がラグビー選手であったこと、日本がベスト8に進出したこと、これらがつながった奇跡の結果である。

令和二年一月

吉田善一

吉田善一（よしだ よしかず）
1957年、兵庫県明石市に生まれる。筑波大学物理工学科卒業。京都大学電子工学教室研究員、松下電器産業㈱生産技術研究所・中央研究所を経て、1995年、山梨大学機械システム工学科助教授。2000年から東洋大学教授。2018年から理工学研究科長、井上円了研究センター長、ラグビー部長。工学博士。専門はナノテクノロジー、科学哲学、AI。
著書：『酒井佐保の熱学教科書』『和の人間学』（共に冨山房インターナショナル）など。

福永昇三（ふくなが しょうぞう）
1975年、岐阜県関市に生まれる。東洋大学法学部経営法学科卒業（4年で主将となり、関東大学2部リーグ全勝優勝）。1999年～2009年、三洋電機ワイルドナイツ（現パナソニック）所属（ラグビートップリーグ元年［2003年］に初代主将。2008年にトップリーグ初のリーグ戦全勝、創部48シーズン目で日本一を達成）。2011年～2013年、明治大学ラグビー部 FW コーチ。2015年、㈱アスリートアイランドを設立。2018年、東洋大学ラグビー部監督に就任。

写真提供
スポーツニッポン新聞社
読売新聞社　他

ラグビーの哲学 ―論語に学ぶＯＮＥ ＴＥＡＭの作り方

吉田善一・福永昇三 著

二〇二〇年三月十六日 第一刷発行

発行者 坂本喜杏
発行所 ㈱冨山房インターナショナル
東京都千代田区神田神保町一―三 〒一〇一―〇〇五一
電話〇三（三二九一）二五七八
URL:www.fuzambo-intl.com
印 刷 ㈱冨山房インターナショナル
製 本 加藤製本株式会社

ISBN 978-4-86600-076-3 C0075 NDC783